FACULTÉ DE DROIT DE PARIS

DES STIPULATIONS POUR AUTRUI

EN DROIT ROMAIN ET EN DROIT FRANÇAIS.

THÈSE POUR LE DOCTORAT

PAR

Pierre-Arsène LAURENT

Avocat à la Cour d'appel

PARIS

L. LAROSE ET FORCEL

Libraires-Editeurs

22, RUE SOUFFLOT, 22

1881

THÈSE

POUR LE DOCTORAT

IMPRIMERIE
CONTANT-LAGUERRE
LVX IN VITAM
BAR-LE-DUC

FACULTÉ DE DROIT DE PARIS

DES STIPULATIONS POUR AUTRUI

EN DROIT ROMAIN ET EN DROIT FRANÇAIS

THÈSE POUR LE DOCTORAT

Présentée et soutenue le Mercredi, 7 Décembre 1881, à midi

PAR

Pierre-Arsène LAURENT

Avocat à la Cour d'appel

Président : M. BUFNOIR

Suffragants	MM. RATAUD GERARDIN	Professeurs
	MICHEL ESMEIN	Agrégés

Le Candidat répondra en outre aux questions qui lui seront faites sur les autres matières de l'enseignement

PARIS
LAROSE ET FORCEL
Libraires-Éditeurs
22, rue Soufflot, 22

1881

DROIT ROMAIN

DES STIPULATIONS POUR AUTRUI

DROIT ROMAIN

DES STIPULATIONS POUR AUTRUI

INTRODUCTION

Quand je prête à un tiers le secours de ma personnalité, pour arriver à la conclusion d'un acte juridique, je puis le faire à des titres bien différents. Ma volonté peut jouer un rôle plus ou moins considérable, et l'efficacité de mon intervention sera plus ou moins grande suivant que j'aurai agi à tel ou tel titre.

Je puis d'abord porter à celui avec qui l'on veut contracter le consentement de celui dont je suis l'intermédiaire. Je joue le rôle de simple *nuntius,* chargé d'une mission purement matérielle. Dans l'acte qui va se conclure, ma volonté n'est pour rien; une lettre remplirait le même office. La volonté qui va former un lien de droit est celle du maître qui m'emploie. Dans ce cas, on le conçoit très-bien, un contrat va se former entre ceux dont les consentements ont été échangés, contrat qui existe au-dessus de moi et auquel, en droit, je suis complètement étranger. Il n'y a donc là, de ma part, à aucun titre, une stipulation pour autrui.

Mon intervention, efficace dans ce cas, n'est possible que dans certains contrats. Dans tout contrat il entre un élément intentionnel; mais, dans certains actes, cet élément est accompagné soit d'une prestation, soit d'une formalité solennelle. Dans les contrats non solennels, c'est-à-dire dans ceux où, suivant Gaïus, *neque verborum, neque scripturæ ulla proprietas desideratur,* dans tous les contrats où le consentement suffit, l'acte juridique peut être accompli entre absents, pourvu que les volontés soient mises en rapport soit par lettre, soit par messager. Il en est de même quand le consentement doit être accompagné d'une prestation. L'acte matériel peut être accompli par celui qui porte le consentement. Je ne veux citer que deux textes : « Si te rogavero ut rem meam perferas ad Titium ut is eam servet, qua actione experiri possum apud Pomponium quæritur. Et putat tecum mandati, cum eo vero qui eas res receperi, depositi; si vero tuo nomine receperit, tu quidem mihi mandati teneris, ille tibi depositi, quam actionem mihi præstabis mandati judicio conventus. » (L. 1, § 11, *D. Dep. vel contra,* 16, 3.) Dans ce texte, Ulpien montre clairement que si le dépôt est fait au nom du mandant, c'est-à-dire, s'il est fait à la personne par lui désignée, et par sa volonté, l'action naît directement à son profit, parce que le contrat se forme entre le dépositaire et lui. Si, au contraire, le dépôt est fait au nom du mandataire; si c'est sa volonté qui est la base juridique de l'acte, l'action naît à son profit. Il sera tenu de la transmettre au mandant. De même que celui qui fait la prestation peut agir par un tiers, de même celui qui la reçoit peut la recevoir par un intermédiaire. Si un homme, voulant emprunter, donne ordre de verser la somme entre les mains de son esclave ou de son fils, il sera tenu de la *condictio ex mutuo*. Et peu importe dans ce texte la qualité de fils ou d'esclave, la même solution serait vraie pour un domestique ou un tiers quelconque. Aussi, dans notre espèce, il n'y aura pas lieu à l'action *quod jussu*. (L. 5, *pr. D. quod jussu*, xv, 4.) Dans les contrats solennels, au contraire, le rôle du *nuntius* est presque nul. « Alioquin verborum obligatio inter absentes fieri non potest. » (Gaïus, III, § 136.) Dans la stipulation, le débiteur et le créancier doivent accomplir une formalité solennelle. Il en était de même du créancier dans le contrat *litteris;* mais le débiteur pouvait être absent. Il n'était tenu qu'à une chose, consentir à l'inscription de sa dette sur les registres du créancier, et ce consentement pouvait être porté par un tiers. Dans tous ces contrats où on ne peut employer de *nuntius,* l'acte juridique ne pourra se former entre absents si la représentation ou la stipulation pour autrui ne sont point admises en droit romain.

Je puis intervenir à un autre titre; ma volonté peut jouer un rôle plus étendu dans la formation de l'acte juridique. Je puis être chargé par un tiers, non pas de porter son consentement à un contrat dont toutes les clauses sont réglées par lui, mais bien de discuter et d'arrêter toutes les parties de la convention qui l'intéresse. Je suis alors un agent intelligent qui a le devoir de choisir; l'acte juridique est pour une part l'acte de ma volonté. Mais ce n'est pas un acte de ma volonté pure, je dois suivre les instructions qui me sont données. La volonté du tiers, ici encore, est un des éléments du contrat qui va se former; son influence, bien qu'indirecte, n'en est pas moins certaine. C'est le mandant qui choisit par l'intermédiaire d'une personne en qui il a confiance. Alors se pose une question : deux volontés ont concouru à l'acte à titres différents, l'une d'une manière apparente mais au fond comme représentant la volonté d'un tiers, l'autre d'une façon effective quoique indirecte; laquelle sera censée avoir formé l'acte, lequel des deux individus sera créancier? En d'autres termes, peut-on se faire représenter par un mandataire? A Rome, on ne pouvait, du moins en principe, en agissant par un autre être directement créancier. Mais on n'a jamais douté de la validité du contrat ainsi passé. Si on n'a pas admis que le mandant fût créancier, du moins a-t-on accordé au mandataire l'action résultant de l'acte. En un mot, dans ce cas je stipule pour un tiers et la validité est admise; seulement l'acte que je fais ne peut produire d'effets juridiques que vis-à-vis de moi. Les mêmes questions se présentent en cas de mandat légal donné par la loi à ceux qui administrent les biens d'un incapable. Cette action, le mandataire est tenu de la céder au mandant, et Ulpien nous dit même dans la loi 13, § 25, *De act. emp.* D. 19, I, que dans le cas de vente par mandataire : *Utilem ex empto actionem domino competere.* En résumé, dans le dernier état de la législation romaine, le mandant devient créancier par le fait du mandataire.

Ma participation à l'acte juridique peut être encore plus considérable. Au lieu de porter le consentement d'une autre personne directement ou indirectement, je puis intervenir en faveur d'un tiers. L'acte est exclusivement l'œuvre de ma volonté personnelle. Quelle est la valeur juridique de ce contrat? La stipulation, œuvre de ma volonté dans un acte qui ne me concerne pas, sera-t-elle valable? On ne pense même pas au premier abord, surtout en présence du principe de la non-représentation en droit romain, à un lien quelconque pouvant exister entre mon co-contractant et celui au profit de qui j'ai agi. Mais moi, puis-je agir? On ne pense pas à une controverse possible? Tous les éléments du contrat n'existent-ils pas? L'accord des volontés n'est-il pas parfait? Oui certes, mais un autre principe rationnel et juridique vient s'opposer à ce que je puisse agir. Quel intérêt ai-je à mettre ainsi en mouvement la puissance publique? Et si je n'ai pas d'intérêt, la société me dira que je n'ai pas le droit de distraire les magistrats et les juges de leurs occupations.

On le voit, la question est bien différente de celle que nous nous posions dans l'hypothèse précédente. Nous nous demandions si on pouvait consentir par un autre; ici il n'y a pas de consentement par un tiers, toute idée de représentation a disparu puisque l'acte est l'œuvre personnelle et exclusive de celui qui est intervenu. Dans le premier cas, nous recherchions si le représenté peut agir lui-même; ici nous nous demandons si l'acte a une existence quelconque. Ce sont là deux idées et deux théories qui se sont rencontrées à un moment donné à Rome, mais qui, je pense, ne sont point dérivées l'une de l'autre.

Cependant cette théorie n'est pas admise par tous les interprètes du droit romain. Si, disent quelques-uns, la stipulation par autrui est défendue, c'est une suite de l'idée qu'on ne peut, en faisant un contrat, acquérir une action à une personne qui n'est pas intervenue à l'acte. Or, c'est bien ce qui arrive toujours et nécessairement dans la stipulation pour autrui; par conséquent cette stipulation ne peut être valable en vertu du principe de la non-représentation. Cette idée, qui entraînerait des conséquences fort graves en droit romain, expliquerait peut-être pourquoi le tiers, au profit de qui l'acte est fait, ne peut avoir d'action en justice; mais elle ne peut nous faire comprendre pourquoi celui qui a stipulé ne peut invoquer l'action *ex stipulatu* pour faire exécuter le contrat. En effet, s'il est vrai qu'en vertu du principe de la non-représentation le mandant ne peut agir, il est non moins exact que le mandataire peut, en vertu de son contrat, forcer le débiteur à accomplir sa promesse, bien plus, il peut céder son action au mandant qui agira en son lieu et place.

Même à ce point de vue plusieurs personnes ont pensé qu'il n'y avait aucune incompatibilité entre ces deux résultats si différents. Ce n'est pas parce que la volonté du mandant intervient à l'acte d'une manière quelconque que cet acte est valable au profit du mandataire, c'est en vertu d'un autre principe. S'il n'y avait que cette intervention indirecte, le contrat ne donnerait naissance à aucune action, mais il est de principe que, quand le stipulant a un intérêt pécuniaire à la validité du contrat qu'il a fait pour autrui, il peut agir pour le faire exécuter. Or le mandataire qui s'est engagé à accomplir le mandat, c'est-à-dire à faire procurer à une personne un avantage, est intéressé à ce que celui de qui il a stipulé exécute sa promesse, car lui-même sera libéré de son obligation. Je ne crois pas que ce soit l'idée romaine. Les Romains ont vu dans le mandat un contrat nécessaire, ils l'ont validé parce qu'il n'y avait pas à proprement parler une stipulation pour un tiers, mais un contrat dans lequel celui qui est intéressé joue un rôle caché. Aussi ont-ils procuré à ce mandant le bénéfice du contrat d'une manière indirecte. Puis peu à peu, dégageant mieux le rôle du mandant, ils lui ont accordé des actions utiles, données en dehors des principes rigoureux du droit primitif.

Quant à vouloir expliquer le mandat par les principes qui servent à valider quelquefois la stipulation pour autrui, c'est, selon moi, une idée fausse. Si la théorie était vraie, il s'ensuivrait que les actes accomplis par le mandataire seraient ou non valables suivant qu'il était ou non, d'après son mandat, pécuniairement obligé de les faire. Si un mandataire général a fait certains actes utiles à son mandant, mais qu'il n'était pas tenu de faire sous peine de manquer à l'exécution de son obligation, ces actes seront nuls : l'intérêt pécuniaire, principe de leur validité, fera défaut. Cependant nous ne voyons dans aucun texte qu'on se livre à un semblable examen. Bien plus, même dans une gestion d'affaires, tout contrat utile rentrant dans la gestion est valable sans qu'il soit nécessaire de rechercher si le gérant a dû, sous peine de dommages et intérêts, contracter dans les conditions avantageuses qu'il a su se faire accorder. (L. 2, *Neg. gest.*, D. l. III, t. 5.) Outre que la théorie de mes adversaires ne me semble pas juste, je pense qu'elle conduit à des conséquences inadmissibles. Si cette théorie était juridique, il faudrait dire que les textes qui traitent de l'acquisition d'un droit par des tiers, s'appliquent à la stipulation pour autrui, de même que ceux qui règlent les effets de cette stipulation sont applicables au cas de mandat. Or, si on admet cette idée, il faut en conclure que jamais mandataire ne pourra acquérir une créance certaine, quel que soit le contrat qu'il passe, eût-il stipulé *centum aureos*. En effet, dans tous les cas où la stipulation pour autrui est validée, elle donne naissance à une action *incerta,* même dans les cas où faite au profit du stipulant elle engendrerait une *condictio certi.* (L. 118, § 2, D. *de Verb. oblig.,* XLV, 1.) Or, dans aucun texte à ma connaissance, on ne voit cet effet curieux du mandat, qui consisterait à rendre toutes les actions *incertæ.*

Chaque fois qu'on pourra acquérir par l'intermédiaire d'autrui, c'est-à-dire, dans tous les cas où la représentation est admise, mes adversaires doivent dire que la stipulation pour autrui est valable et qu'elle donne naissance à un droit au profit du tiers bénéficiaire. Je n'ai vu nulle part explicitement exprimée cette dérogation à la règle qui défend de stipuler pour un tiers. Dans tous les textes où il est question d'agir pour un tiers, nous verrons dans la suite de cette étude, qu'il ne s'agit pas de personnes faisant spontanément un acte pour autrui, il est question d'intermédiaires chargés de faire certains actes, ou bien d'un gérant d'affaires.

Il nous sera facile maintenant de déterminer l'étendue du sujet que nous avons à traiter. Je ne veux examiner que ce qui concerne la stipulation pour autrui sans aucun rapport avec la représentation. Aussi bien ces deux théories reposent sur des bases différentes. Je supposerai donc un homme qui sans être représentant légal, c'est-à-dire tuteur, curateur ou administrateur, et sans aucun mandat de la part de celui pour qui il agit, fait un contrat. C'est bien sa volonté seule qui est l'auteur de l'acte juridique. J'aurai certes à me demander si l'acte pourra être pour le tiers la source d'une action directe ou utile. Dans tous ces cas nous aurons à rechercher la source de cette action, sa raison d'être, et nulle part nous ne trouverons l'idée de représentation. Qu'un seul exemple suffise pour le moment. Je le tire de la loi 45 D. *Soluto matrimonio*, XXIV, 3. Un grand-père constitue une dot à sa petite-fille qui est *in patria potestate*. Il stipule la restitution au profit de cette petite-fille pour le cas où elle viendrait à divorcer sans sa faute. La stipulation est valable et on accordera à la petite-fille une action utile. Or, il est bien certain que l'action ne peut naître de l'idée de représentation. Si la petite-fille était censée à un degré quelconque avoir stipulé elle-même la restitution de sa dot elle n'aurait pas l'action : soumise à la puissance paternelle, tout ce qu'elle stipule elle l'acquiert à son père.

Dans l'étude de ce sujet, nous aurons à délimiter le sens de la règle : *Nemo alteri stipulari potest.* Nous devons rechercher sa raison d'être, voir quelle est son étendue au point de vue des personnes qu'elle comprend et des actes auxquels elle s'applique. Puis nous aurons à examiner les effets de cette règle dans les rapports des parties contractantes entre elles et dans leurs rapports avec le tiers bénéficiaire de l'acte.

CHAPITRE I.

Quelles personnes doit-on considérer comme tiers?

SECTION PREMIÈRE.

Des membres de la famille.

Si quis alii, quam cujus juri subjectus sit stipulatur, nihil agit. (*Inst.*, L. III, t. 19, § 4.) La stipulation pour un tiers est défendue. Cependant un individu ne peut, quand ses affaires sont un peu étendues, faire tous les actes qui ont rapport à son patrimoine; il lui est nécessaire de déléguer une partie de ses pouvoirs à un tiers. Souvent même il se trouve que cet homme n'a pu donner les instructions nécessaires pour accomplir tel ou tel acte. Il faut dans son intérêt que quelqu'un puisse accepter une proposition avantageuse. En droit romain on rencontrait deux obstacles, celui de la non-représentation, et celui de la nullité de la stipulation pour autrui. Mais ces obstacles ne sont pas absolus. L'organisation de la société romaine et surtout de la famille, venait fort à propos diminuer les inconvénients résultant de ces deux théories. Certaines personnes pouvaient prendre en main les intérêts du citoyen absent ou incapable.

En droit romain, en principe, la stipulation pour autrui est nulle. Mais que ce tiers ait un fils soumis à sa puissance, soit propriétaire d'un esclave, ou même dans une certaine mesure possède de bonne foi un homme libre, et ses intérêts seront sauvegardés. Ce fils pourra stipuler pour le père de famille qui deviendra créancier sans qu'il soit besoin d'un mandat ou d'une ratification. Il n'y a en quelque sorte qu'une seule personnalité juridique composée des différents membres de la famille civile, au moins quand il s'agit d'acquérir un droit. Aussi non-seulement le fils en stipulant pour son père ou pour lui-même acquiert la créance à son père, mais encore ce dernier, en stipulant pour son fils, devient lui-même créancier. Suivant l'énergique expression romaine : *Vox tua tanquam filii sit, sicuti filii vox tanquam tua intelligitur in iis rebus quæ tibi adquiri possunt.* (*Inst.,* L. III, t. 19, § 4.) Non-seulement le fils en stipulant pour son père ou pour lui-même acquiert la créance à ce dernier, mais encore qu'il stipule pour un autre membre de la famille et le père deviendra créancier. Il n'y a donc point dans tous ces cas à proprement parler de stipulation pour autrui. Il y a bien stipulation au profit d'une autre personne physique, mais il n'y a qu'une seule personnalité juridique.

Cependant on ne peut pas dire que ce soit là un principe absolu. Il arrive que le père et le fils ne représentent plus la même personnalité juridique, et ne peuvent plus, en stipulant l'un pour l'autre, faire un acte valable; ils retombent dans le droit commun. « Dominus servo stipulando sibi adquirit; sed et pater filio secundum quod leges permittunt. » (L. 39, *D. de Verb. Oblig.*) Ce texte indique que si le père stipule pour son fils, il n'acquiert pas toujours la créance. C'est qu'alors l'unité juridique qui existait entre eux a cessé complètement. Par conséquent, nous retombons dans la règle *nemo alteri stipulari potest,* et nous verrons plus tard que le fils lui-même ne devient pas créancier.

Il y avait donc une restriction dans la loi; Paul l'affirme. Cependant quelques auteurs ont voulu voir dans les derniers mots du texte une interpolation des commissaires de Justinien. Suivant eux, les mots *secundum quod leges permittunt* auraient été ajoutés pour montrer que le père, stipulant pour son fils, acquiert bien un certain droit, mais non le droit tout entier. Et on explique ce texte en le rapprochant de l'organisation de la famille romaine au temps de Justinien. Le fils de famille n'est plus sous la puissance absolue du père; l'unité juridique qui voulait que tout ce qui était acquis par le fils appartînt au père a été brisée au moins dans une certaine mesure, pour épargner au fils la douleur de voir le fruit de ses travaux passer à des étrangers ou à ses frères. Le fils de famille acquiert maintenant pour lui, sauf pour ce qui provient de la libéralité du chef de la famille, la nue-propriété. Le père n'aura que l'usufruit du pécule, et quand il stipulera pour son fils il ne pourra acquérir que cette jouissance. La stipulation pour le surplus est sans intérêt pour lui, et par conséquent ne peut donner naissance à aucune action en sa faveur. (L. 6, Code VI, 61.)

Cette explication est ingénieuse, et nous nous empressons de reconnaître que tel est bien le sens qu'il faut attribuer à la loi 39 de V. O., à l'époque de la rédaction du Digeste. Mais de là à conclure que ce texte, dans son intégralité, n'appartient pas à Paul, il y a loin. Je pense qu'il est facile de trouver, même à l'époque classique, un sens à ces paroles. Le père de famille n'acquiert plus tout ce qui est donné à son fils, si celui-ci a un pécule *castrense*. Ce pécule comprend : « quod a parentibus vel cognatis in militia agenti donatum est, vel quod ipse filiusfamilias in militia adquisiit, quod nisi militaret, adquisiturus non fuisset. » (L. **11**, *de Pec. Cast.,* XLIX, **17**.) Et sur ce pécule le père n'a aucun droit. « Actionem persecutionemque castrensium rerum semper filius, etiam invito patre, habet. » (L. **1**, § **4**, *de Pec. Cast.*) Le fils est réputé *paterfamilias*. Or, si le père stipule pour son fils, relativement à ce pécule, il n'acquerra pas la créance pour lui, il aura stipulé pour autrui. Ce texte de Paul n'est que l'expression d'un principe rationnel, du moment où l'unité juridique entre les membres de la famille n'est plus absolue.

Paul, lui-même, nous signale un cas où la loi ne permet pas au père de stipuler pour son fils soumis à sa puissance : « Quod dicitur patrem filio utiliter stipulari, quasi sibi ille stipularetur, hoc in his verum est, quæ juris sunt, quæque patri adquiri possunt; alioquin si factum conferatur in personam filii, inutilis erit stipulatio, veluti ut tenere ei vel ire agere liceat. » (L. **130**, *D. de V. O.*) Est inutile la stipulation par le père d'une faculté pour son fils, comme la permission de passer par tel endroit. Pour bien comprendre ce texte, il faut le rapprocher d'un passage des Institutes. Lorsque la stipulation a pour objet un fait, c'est toujours du fait personnel du stipulant qu'il s'agit. Si un esclave stipule qu'on le laissera passer, c'est lui seul qui ne peut être empêché de passer et non le maître. (L. III, t. XVII, § 2.) Dès lors, quand le père a stipulé pour son fils la faculté de passer, ce dernier seul peut l'exercer; le père ne peut demander à passer par l'endroit désigné, car on l'en empêcherait régulièrement. Le fils seul va profiter de la stipulation, du droit de passage pour accéder, par exemple, à un bien faisant partie de son pécule *castrense*, le père a donc fait un acte inutile; il a fait une stipulation pour autrui.

Cette formule de Paul est trop générale. Il peut se faire que le père, en stipulant une faculté au profit de son fils, ait réellement stipulé dans son propre intérêt. Je suppose que le père ait confié à son fils un champ à cultiver. Pour arriver à ce champ il est nécessaire de passer sur le fonds à autrui, et le père stipule pour son fils la faculté d'aller par ce fonds. Quoique, en apparence, il y ait une stipulation pour autrui, bien que, en réalité, le fils puisse encore seul exercer le droit de passage, c'est au père que la créance appartient, parce qu'il a stipulé dans l'intérêt de son patrimoine. Si le fils rencontre un obstacle, le père aura l'action en justice pour faire livrer passage. La même solution devrait être donnée si, au lieu d'un fils, nous supposions un esclave. Mais ce n'est plus là un effet de l'unité juridique de la famille, car une stipulation faite pour un fermier dans de pareilles circonstances serait parfaitement valable. Paul, dans la suite du texte, a soin de nous avertir que nous ne devrions pas donner la même solution pour le cas de stipulation par un fils d'une faculté au profit de son père. Le fils reste toujours, même pour les simples facultés, un instrument d'acquisition pour le chef de famille. Même dans les cas où, en stipulant *sibi personaliter* une certaine faculté le fils ferait un acte inutile, il peut la stipuler valablement au profit de son père. Ce n'est que l'application du principe qui défend au fils de famille d'acquérir pour lui-même quand il n'a point de pécule, et qui ne permet d'acquérir au père que ce qui peut entrer dans son patrimoine.

En résumé, la stipulation du fils de famille pour son père n'est point une stipulation pour autrui, à proprement parler et nous ne devons point y voir une exception à la règle : *Ateri nemo stipulari potest.* Au contraire, quand il s'agit d'une stipulation faite par le père pour son fils, si le bénéfice n'en peut être acquis au père, nous retombons dans la théorie des stipulations pour autrui : nous avons un acte inutile, sauf dans le cas où le père aurait intérêt à ce que le contrat par lui passé soit exécuté.

SECTION DEUXIÈME.

Des héritiers.

Si l'unité juridique de la famille a pour effet de faire échec à la règle : *Nemo alteri stipulari potest,* elle veut encore que la stipulation faite par un individu ne s'éteigne pas à sa mort. Quand une personne est une fois devenue créancière et vient à mourir avant le paiement de la dette, le lien de droit qui existait entre elle et le débiteur n'est pas rompu. Les héritiers du défunt, prenant sa place, deviennent créanciers. Là encore, il n'y a qu'une personne juridique, bien qu'une personne physique vienne à succéder à une autre. C'est en ce sens qu'on dit encore maintenant qu'on est censé avoir stipulé pour soi et ses héritiers. Si le bénéfice de la stipulation peut ainsi parvenir par la seule force de la loi aux héritiers, il est évident que l'adjonction par le stipulant de ceux qui devront recueillir ses biens ne vicie point le contrat. (L. 38, § 4, D. *de V. O.*) Mais remarquons que si cette stipulation ne rend pas inutile, au moins pour une part, l'acte qui a été fait, elle ne peut attribuer aucun droit personnel à l'héritier. S'il n'est pas institué, ou si étant institué il n'accepte pas la succession, il sera absolument étranger au contrat.

Ces quelques principes nous indiquent que si le stipulant, au lieu de désigner comme devant profiter de l'acte telle personne en sa qualité d'héritière, voulait lui attribuer un droit indépendamment de toute succession, il y aurait stipulation pour autrui; car il n'y aurait plus entre le stipulant et le bénéficiaire cette unité de personnalité juridique, qui est la base, l'explication rationnelle de la loi que nous venons de citer.

1° *Stipulation post mortem stipulatoris*. L'unité entre le *de cujus* et l'héritier étant la raison même de la transmission des créances, il est évident que l'héritier ne peut avoir un droit que le *de cujus* n'avait pas lui-même. Il faut donc que le défunt ait eu dans son patrimoine la créance qu'il veut transmettre à ses héritiers. « Inelegans esse visum est ex heredis persona incipere obligationem. » (Gaïus, III, 100.) Partant de cette idée, les Romains annulaient comme stipulation inutile les contrats faits sous certaines modalités. Stipuler *post mortem suam* c'est stipuler au profit de ses héritiers seuls et par conséquent faire un acte nul. Il est évident, en effet, que celui qui veut acquérir une créance pour après sa mort n'a pas l'intention d'obliger le débiteur envers lui, il n'acquiert pas la créance et ne peut la transmettre à ses héritiers dans sa succession. Il est certain aussi qu'à moins de laisser une large place à la fraude, on devait aussi annuler la stipulation *pridie quam moriar*. Là, en apparence au moins, le stipulant acquiert un droit avant sa mort; mais son intention n'est pas d'être créancier, d'obtenir pour lui le bénéfice de la stipulation. Il est même impossible que cet homme recueille le bénéfice de l'acte; car, comme le dit Gaïus, on ne peut connaître la veille de la mort que quand le créancier aura rendu le dernier soupir. Ainsi donc les Romains considéraient comme stipulation au profit de l'héritier individuellement, et partant comme inutile, tout contrat dont les effets ne pouvaient se réaliser qu'après la mort du contractant.

Il semblerait que, pour des raisons analogues, on aurait dû annuler tout acte fait pour le moment de la mort. En fait, les résultats pratiques sont les mêmes que dans la stipulation *pridie quam moriar;* les héritiers seuls profiteront de la créance. Cependant les jurisconsultes romains ne poussèrent pas jusque-là la rigueur des principes. Des nécessités pratiques les avaient forcés à admettre la validité de la stipulation *quum moriar*. Les Romains avaient cherché à tourner la difficulté en disant qu'au moment de la mort l'homme est encore vivant, et qu'à ce moment suprême le stipulant est devenu réellement créancier. Il transmet ses droits avec son patrimoine à ses héritiers; il n'y a donc pas stipulation pour autrui. C'est, du moins, ce que certains interprètes ont voulu tirer d'un passage de Gaïus, qui a trait aux legs : « Ita autem recte legatur cum heres morietur, quia non post mortem heredis relinquitur, sed ultimo vitæ ejus tempore. » (Gaïus, II, § 232.) Cette explication n'est pas acceptée par tous les auteurs. « A mes yeux, dit M. Accarias avec raison, la distinction faite par les Romains ne saurait se justifier. Tout au plus essaierais-je de l'expliquer en disant que, frappés de l'utilité qu'il y a en certains cas à ne placer l'exigibilité qu'après le décès de l'un des contractants, ils craignirent néanmoins que l'action ne parût naître en la personne des héritiers. Dès lors ils voulurent que l'intention contraire se révélât dans les expressions mêmes de la formule, et c'est par une sorte de transaction entre leur formalisme et leur bon sens pratique qu'ils consacrèrent les stipulations *quum moriar* et *quum morieris.* » (Accarias, *Précis de droit romain,* t. II, p. 272.)

Justinien comprit que la distinction faite par les jurisconsultes entre le cas de la stipulation *quum moriar* et celui de la stipulation *pridie quam moriar* ou *post mortem meam* était peu sérieuse. Ou bien il fallait que le créancier pût recueillir lui-même, d'une manière effective, le bénéfice de son contrat, ou bien il suffisait que le droit fût fixé en sa personne, quand même l'échéance ne pourrait arriver qu'après sa mort. Dans le premier cas il aurait fallu annuler tous ces actes, et c'eût été faire un pas en arrière, rencontrer de grandes difficultés pratiques, pour le plaisir d'une logique exagérée. Dans le second on devait déclarer que la stipulation *post mortem suam* était parfaitement valable, qu'il n'y avait point une stipulation pour autrui, mais bien une stipulation au profit du contractant, et dont les bénéfices, suivant la règle générale, seraient recueillis par les héritiers. C'était ce dernier parti qu'on devait prendre, car les jurisconsultes avaient confondu la naissance avec l'exigibilité du droit.

C'est ce que fit Justinien par une constitution de l'an 528. Enfin, dans une constitution de l'an 531, il abolit le principe d'où avait été tirée la règle qu'on ne pouvait stipuler *post mortem suam* : « Ut liceat et ab heredibus et contra heredes incipere actiones ne propter nimiam subtilitatem verborum latitudo voluntatis contrahentium impediatur. » (L. un. Cod. IV, 11.) Il est permis de faire naître la créance ou la dette en la personne des héritiers. On peut se demander quelle est la portée exacte de cette constitution; Justinien entend-il permettre de stipuler principalement pour ses héritiers seuls en renversant en cela l'ancien principe qui défend de stipuler pour autrui, ou veut-il seulement faire disparaître toute difficulté sur l'interprétation des différentes clauses d'un contrat, ne voulant point qu'on puisse, grâce à une équivoque, annuler un acte d'ailleurs parfaitement valable? C'est, je crois, ce dernier sens qui doit être admis.

Il importe de remarquer que nous transmettons à nos héritiers même un droit conditionnel, pourvu que ce droit soit né en notre personne, quand bien même nous viendrions à mourir avant l'arrivée de la condition. (*Inst.*, l. III, t. XVI, § 4.) Mais il y a entre ce cas et celui de la stipulation *post mortem suam* une grande différence. Dans notre hypothèse, le contractant a voulu acquérir un droit, qu'il pourrait exercer dans un certain temps, suivant telle ou telle condition. C'était son propre avantage qu'il avait en vue en faisant l'acte. Au contraire, dans le second cas, c'est au bénéfice même de l'héritier que le stipulant a nécessairement contracté.

Avant Justinien et pour tourner la règle qui défendait la stipulation *post mortem suam,* on employait l'adstipulation, et au temps de Gaïus, c'était presque le seul rôle de l'*adstipulator*. « Adhibetur autem adstipulator, ut is post mortem nostram agat : quod si fuerit constitutus de restituendo eo mandati judicio heredi tenetur. » (*Gaïus*, III, § 117.) L'*adstipulator* a fait en ce qui le concerne un acte valable; et le terme arrivé il pourra demander au débiteur l'exécution de l'obligation. Il n'y a rien là que de conforme aux principes généraux du droit. Mais pour arriver à l'exécution complète de la volonté des parties, il faut que les héritiers du stipulant principal puissent actionner l'*adstipulator* pour le forcer à leur rendre compte de ce qu'il a reçu. Gaïus nous dit qu'ils auront à cet effet une action de mandat. En effet, bien que l'*adstipulator* joue le rôle de contractant principal dans ses rapports avec le débiteur, il n'est au fond, dans ses rapports avec le créancier direct, qu'un véritable mandataire. Mais une autre difficulté se présente. Comment les héritiers peuvent-ils avoir l'action de mandat? Le stipulant a donné mandat de faire quelque chose après sa mort; or un pareil mandat n'est pas obligatoire, car nous retombons sous l'application de la règle qui défend de faire naître un droit en la personne de ses héritiers. Si donc nous admettons que l'action de mandat naît de l'adstipulation, nous sommes obligés de reconnaître qu'il y a une véritable dérogation à la règle générale; mais aussi nous accorderons aux héritiers du stipulant le droit d'agir contre l'*adstipulator* pour le forcer à poursuivre le débiteur, et obtenir ainsi le bénéfice du contrat.

On pourrait peut-être dire que l'action de mandat ne naît que plus tard, c'est-à-dire au moment du paiement fait par le débiteur. Dans cette hypothèse, le mandat ne prenant naissance qu'au moment où l'*adstipulator* reçoit le paiement ou poursuit le débiteur, il n'y a aucune dérogation à la règle générale; mais alors les héritiers ne peuvent forcer l'*adstipulator* à agir. La naissance du mandat dépend de sa volonté et le remède apporté à la nullité de la stipulation *post mortem suam* n'est pas complètement efficace. Je pense qu'il y a plutôt mandat naissant au moment de l'*adstipulatio*. On conçoit difficilement une action de mandat résultant de la réception de la dette ou de la poursuite; il y aurait là tout au plus une gestion d'affaires au profit des héritiers. Cependant Gaïus donne l'action *mandati*. Il y a d'autres cas dans lesquels nous voyons une action naître en la personne de l'héritier. Ainsi est valable le mandat par lequel je vous charge de me construire un monument après ma mort ou d'acheter un fonds pour mes héritiers. (L. 12, § 17 et L. 13, *D. mand. vel contra*, XVII, 1.) Enfin, peut-être pourrait-on dire pour justifier cette dérogation, qu'il n'est pas certain que le contractant ne puisse de son vivant exercer l'action *mandati*. L'*adstipulator* peut non-seulement recevoir le paiement, il peut encore disposer de la créance en maître absolu, en faire acceptilation. Il encourt ainsi l'application du chapitre 2 de la loi Aquilia. (Gaïus, III, §§ 215 et 216.)

2° *Stipulation au profit d'un des héritiers*. Nous venons de voir le cas dans lequel la stipulation est faite pour les héritiers seuls, quels qu'ils soient. Un autre cas se présente où la personne de l'héritier vis-à-vis du *de cujus*, peut être considérée soit comme un tiers, soit comme la continuation de la personnalité juridique du défunt; c'est celui où le contractant agit pour lui et pour l'un de ses héritiers. En tant qu'il s'agit de la part héréditaire il n'y a certainement pas stipulation pour autrui, mais pour le surplus on ne peut dire que l'héritier le recueille en sa qualité d'héritier. C'était bien la théorie romaine au moins quand il s'agissait d'une dation. La créance que j'ai acquise est dans mon patrimoine et passe à tous mes héritiers, mes représentants.

Il semblerait que cette solution si raisonnable n'aurait dû rencontrer aucune contradiction puisqu'elle n'est que l'application des principes. Cependant dans le même texte Vénuléius ajoute : « Et quum quid fieri stipulemur, etiam unius personam recte comprehendi. » On peut se demander pourquoi, quand il s'agit d'un fait, on peut stipuler au profit d'un seul de ses héritiers, par quelle voie le jurisconsulte, qui ne semble avoir aucun doute sur la légitimité de sa solution, a pu arriver à un semblable résultat. Si le fils a un droit qui ne soit pas dans la succession, il est un tiers et à son égard la stipulation devrait être nulle. Si au contraire ce droit est un émolument de la succession, comment se fait-il que le fils puisse prendre ce droit à l'encontre de ses frères et sœurs, tandis qu'il ne pourrait y prendre une créance de somme d'argent résultant d'une stipulation faite par le défunt, *sibi et filio ?* A Rome, un fait était considéré comme personnel à celui qui en était le créancier. En principe, celui qui veut que son héritier en profite après sa mort doit stipuler pour lui cet avantage. Dès lors il est facile d'expliquer le texte de Vénuléius. L'héritier n'ayant de droit que par suite de cette stipulation spéciale faite à son profit par son auteur, ne tient pas son droit comme représentant la personne du défunt, mais bien comme créancier direct ; c'est là jusqu'à un certain point une stipulation pour autrui permise par la loi romaine. Par conséquent on comprend que l'héritier désigné bénéficie seul de cette stipulation, puisqu'elle est faite pour lui seul : les autres héritiers n'ont pas à se plaindre. L'exception au principe qu'on ne peut stipuler pour autrui est restreinte, car le bénéficiaire ne peut être que l'héritier. S'il refuse la succession, la stipulation à son profit est nulle, ou du moins nous ne voyons aucun texte où elle est validée.

Là encore Justinien corrigea le droit civil. « Veteris juris altercationes decidentes, generaliter sancimus omnem stipulationem, sive in dando sive in faciendo, sive mixta ex dando et faciendo inveniatur, et ad hæredes et contra heredes transmitti, sive specialis heredum fiat mentio, sive non. » (L. 13, Code VIII, 38.) Il assimile la créance d'un fait à une autre créance ; elle passera aux héritiers et se divisera entre eux comme les autres droits. Nous devons dire, en conséquence, que la stipulation au profit d'un seul des héritiers n'est plus possible.

Je suis d'autant plus porté à admettre cette explication de la loi 137, § 8, D. *de V. O.* que ce n'est pas le seul texte ni le seul cas où nous voyons un individu pouvoir stipuler un droit pour ses héritiers, droit qu'il ne peut leur transmettre dans son patrimoine. Je veux parler du cas où il s'agit d'un usufruit stipulé *sibi et heredibus.* En droit romain comme chez nous, l'usufruit, servitude personnelle, s'éteint essentiellement à la mort de l'usufruitier. Si je veux constituer un usufruit au profit de deux personnes, j'établis deux usufruits différents. Si donc une personne stipule un droit d'usufruit, elle ne peut, d'après les principes généraux et stricts, transmettre ce droit à ses héritiers. Pour cela elle doit stipuler pour elle, et, pour le moment de sa mort, au profit de ses héritiers. Cette stipulation est valable comme nous le voyons dans la loi 38, § 10, D. *de V. O.* Si on stipule pour soi et pour son héritier un droit d'usufruit, l'héritier pourra exercer l'action *ex stipulatu,* bien qu'il ne s'agisse pas du même usufruit. C'est ce que décide aussi Paul dans la loi 92 au même titre. D'après les motifs qui ont fait valider la stipulation d'un fait au profit d'un seul héritier, je pense qu'il n'est pas téméraire de conclure que le *de cujus* a pu stipuler un usufruit non-seulement en faveur de tous ses héritiers, mais encore pour un seul d'entre eux.

Cette stipulation pour un autre que pour soi-même est encore restreinte à un autre point de vue. S'il est permis d'agir dans l'intérêt de son héritier on ne peut le faire cependant, qu'accessoirement à un acte qu'on fait pour soi-même. Quoique ce droit qui sera accordé à l'héritier ne soit pas le même que celui qui appartenait au défunt, on peut dire que les Romains ont encore vu là une espèce d'unité de personne.

Après avoir supposé un homme devenu créancier et examiné comment cette créance passait à ses héritiers, il faut envisager le cas où un débiteur se fait consentir un pacte de remise, soit pour lui, soit pour lui et ses héritiers, soit pour un seul de ses héritiers. L'étendue du pacte de remise dépend de la volonté même des parties plutôt que des termes employés. Aussi peut-il se faire qu'un pacte de remise, conçu en termes généraux, ne puisse être invoqué que par celui qui l'a fait, tandis que le pacte par lequel le débiteur se sera fait promettre de n'être pas poursuivi peut profiter aux héritiers. Il faut donc avant tout rechercher quelle a été la volonté des parties.

Cependant nous rencontrons une difficulté dans la loi 17, *De pactis.* Paul suppose un homme faisant un pacte de remise pour lui et pour un tiers. Plus tard ce tiers devient héritier du contractant, il ne peut invoquer l'exception *pacti* parce que un pacte nul à l'origine, ne peut être validé par un fait postérieur. Il est évident qu'il ne peut s'agir du cas où Titius ne serait devenu débiteur que par suite de sa qualité d'héritier unique : il y aurait contradiction avec tous les principes. Il faut donc supposer, ou bien que Titius n'est pas seul héritier et alors Paul déciderait qu'on ne peut faire un pacte de remise au profit d'un seul de ses héritiers, ou bien il faut dire qu'il ne s'agit pas d'une dette dont Titius serait tenu comme héritier. Je crois que Paul suppose le contractant, et Titius tenus d'une même dette à des titres différents. Par exemple Titius débiteur principal a un fidéjusseur, qui fait avec le créancier un pacte de remise à son profit et à celui de Titius. D'après Paul lui-même : « Fidejussoris conventio nihil proderit reo : quia nihil ejus interest a debitore pecuniam non peti. » (L. 23, *De pactis.*) Donc à l'origine ce pacte de remise consenti au fidéjusseur ne peut profiter à Titius. Que plus tard Titius devienne héritier du fidéjusseur, pourra-t-il, grâce à sa qualité nouvelle, invoquer l'exception *pacti?* Non, *quia ex post facto id confirmari non potest.* Telle est aussi l'hypothèse dans laquelle se place Julien quand il dit que le pacte fait par le père au profit de sa fille, ne peut profiter à celle-ci. Il n'y a qu'à supposer la fille se constituant une dot, garantie par son père. On ne peut donc invoquer ce texte pour dire que le *de cujus* n'a pu faire un pacte de remise au profit d'un seul de ses héritiers.

Pour trancher cette question, il n'y a qu'à consulter le jurisconsulte Celsus. « Nec quicquam obstat uni tantum ex heredibus providere, si heres factus sit; cæteris autem non consuli. » (L. 33, D. *De pactis.*) Un aïeul dote sa petite-fille et convient qu'on ne demandera la dot ni à lui, ni à son fils. Il meurt laissant deux héritiers au nombre desquels est ce fils. Puis le mari réclame la dot. S'il la demande au cohéritier du fils, il ne sera pas repoussé par l'exception *pacti*(1). Si, au contraire, il réclame le paiement de sa part au fils, ce dernier pourra le repousser au moyen de l'exception tirée du pacte. La loi ne défend pas de prendre soin des intérêts d'un seul de nos héritiers. On oppose à ce texte de Celsus l'opinion de Julien, et on conclue qu'il y avait controverse en droit romain. Julien suppose (L. 56, § 1, D. *de V. O.*), un individu promettant pour lui et son héritier. L'adjonction de l'héritier est inutile : s'il est seul héritier, il sera tenu pour le tout comme tel, s'il y a plusieurs cohéritiers il ne sera tenu que pour sa part. Les autres cohéritiers ne pourront invoquer le pacte de *non petendo* qui semble pourtant implicitement contenu en leur faveur dans la convention. La première proposition n'offre aucune difficulté : on ne peut promettre pour personne, fût-ce pour son héritier, de manière à ce que celui-ci soit tenu d'une obligation qui ne se rencontrerait pas dans sa qualité d'héritier. La seconde proposition semble en désaccord avec l'opinion de Celsus. Mais je crois que les raisons de décider ne sont pas les mêmes dans les deux textes. Dans l'hypothèse prévue par Julien, le créancier demande à se faire payer le tout, et comme le débiteur n'a pu par la convention mettre cette dette entière à la charge de Titius, le créancier n'a aucunement consenti un pacte de remise aux autres héritiers, pacte qui lui

(1) C'est mal à propos que la Glose dit que le créancier pourra lui demander le total. Cujas a relevé cette erreur (Pothier, *Obligations*. N° 64, note).

enlèverait une partie de son droit. On peut encore dire que dans le texte de Celsus, le père de famille stipule principalement pour lui et accessoirement pour un de ses héritiers. Dans la loi 56, § 1, D. *de V. O.*, Julien prend un homme qui s'engage et qui implicitement stipule que l'un de ses héritiers ne sera pas tenu. Cette convention faite uniquement au profit d'un des héritiers est nulle comme stipulation pour autrui. Alors on devrait donner la même solution pour le cas où je ferais un pacte de remise en faveur de tous mes héritiers sans en faire un pour moi.

CHAPITRE II.

Effet des stipulations pour autrui.

Stipuler pour autrui, nous disent les *Institutes*, c'est faire un acte inutile. Les empereurs Dioclétien et Maximien développant déjà cette idée disaient en parlant d'un père qui, dotant sa fille, avait stipulé la restitution de la dot au profit d'un tiers : *Nec sibi cessante voluntate, nec tibi prohibente jure querere potuit actionem.* (L. 26, Code V, 12.) Ces deux textes nous indiquent en très-peu de mots la portée de la règle qu'on ne peut stipuler pour autrui.

Celui qui fait une pareille stipulation fait un acte inutile d'abord en ce qui le concerne, car il n'aura aucune action pour faire accomplir le contrat par le promettant. Il n'a aucune action parce que, dans ce contrat, il n'a aucunement voulu pourvoir à ses intérêts, ce n'est pas à lui qu'il a voulu acquérir un droit. Est-ce à dire que s'il avait formellement annoncé sa volonté d'être créancier il pourrait exercer l'action *ex stipulatu?* Non, certes; car dans cet acte, non-seulement il n'a pas voulu s'acquérir une créance, mais il n'a pas pu le vouloir du moins dans la stipulation ordinaire. Quand on agit pour enchaîner en quelque sorte un tiers vis-à-vis de soi, c'est pour retirer de cet acte un avantage pécuniaire. (Ulpien, L. 38, § 17, D. *V. O.*) Or, dans notre stipulation pour autrui, cet avantage ne peut, en général, exister au profit du contractant. Pour qu'il existe, il faut des circonstances particulières et absolument indépendantes de la stipulation elle-même. Donc nous pouvons dire que le stipulant n'a pu avoir l'intention sérieuse de s'acquérir un droit.

La stipulation au profit d'un tiers est inutile à un autre point de vue. Celui au profit de qui l'acte a été accompli ne sera pas créancier, il n'aura aucune action, le droit le défend. Et remarquons de suite qu'à la différence du mandant le simple tiers n'aura aucune action ni directe, ni indirecte, ni en son nom, ni au nom de celui qui a contracté puisque ce dernier lui-même n'a aucun droit qu'il puisse céder.

On s'est demandé pourquoi la stipulation pour autrui ne produisait aucun effet en droit romain. D'après les uns, les Romains n'ont pas voulu que l'on puisse ainsi faire une libéralité indirecte à un individu sans le consentement du donataire, sans sa participation à l'acte. Ce motif, selon moi, est inexact. Si Paul a pu dire, *Invito beneficium non datur,* c'est seulement en ce sens que le tiers ne doit pas garder malgré lui le bénéfice de la libéralité. Il nous faut constater au contraire avec Gaïus qu'on peut conférer un bienfait à un tiers sans sa volonté, et le jurisconsulte prend comme exemple le paiement de la dette d'autrui. (L. 39, D. *de neg. gest.,* III, 5.) C'est ce que décide aussi Pomponius dans la loi 23, D. *de solutionibus*. Nous pourrions dire la même chose de l'*expromissio* au moyen de laquelle une personne se charge d'une dette à la place d'une autre personne.

Dans tous ces cas, qu'on le remarque, s'il y a un acte produisant certains effets avantageux à un tiers ce n'est qu'accessoirement à un acte concernant principalement les parties contractantes. Lorsqu'un tiers paie la dette il accomplit un acte juridique parfait entre les parties par le transport de propriété des écus; quand il promet le paiement de la dette à la place du débiteur, il y a une convention intéressant les deux contractants, réunissant en elle toutes les conditions de validité des contrats. Peu importe que cet acte soit ou non avantageux à un tiers. Au contraire, dans le cas de stipulation pour autrui, il n'y a pas un acte qui produise ses effets entre les parties contractantes. C'est un tiers qui va devenir créancier. Or les Romains ne permettent pas qu'on devienne créancier sans avoir soi-même été partie au contrat. On s'est alors demandé pourquoi le paiement ou l'*ex promissio* libéraient *ipso jure* le débiteur primitif, au lieu de donner seulement naissance à une *exceptio doli*. Il y a peut-être là une anomalie, mais il faut remarquer que si l'acte produit ses effets *ipso jure,* c'est qu'il réunit en lui toutes les conditions de validité.

Tel est, au moins à un point de vue général, le sens de la règle : *Nemo alteri stipulari potest,* règle qui a existé à toutes les époques du droit romain, qui est même passée, peut-être maladroitement, dans notre législation. Il nous faut maintenant entrer dans quelques détails qui nous feront mieux connaître la portée exacte du principe. La première condition de son application c'est qu'il y ait stipulation au profit d'un tiers. Nous avons étudié ce point dans le chapitre précédent. Nous supposerons un individu libre de tout lien de puissance envers celui pour qui il stipule; nous supposerons aussi qu'il n'y a aucun mandat. Dans ces conditions, nous étudierons la stipulation pour autrui, d'abord à l'égard du stipulant et ensuite à l'égard du tiers; nous étudierons les exceptions au principe et nous rechercherons leur raison d'être.

SECTION PREMIÈRE.

Des stipulations pour autrui à l'égard du stipulant.

Comme nous l'avons constaté avec Ulpien, la stipulation que je fais pour un tiers est nulle, parce que je n'ai aucun intérêt à ce qu'une prestation soit faite à un tiers. La cause de la nullité nous indique la portée de la règle. Du moment où j'aurai un intérêt pécuniaire à l'exécution de l'obligation, la règle devra être écartée, ou plutôt, là encore, il n'y aura pas stipulation pour autrui. Tous ces points nous sont indiqués dans la loi 38 *de verborum obligationibus,* où Ulpien semble avoir condensé en peu de mots tous les principes de la matière.

Cet intérêt du stipulant peut résulter : 1° de circonstances antérieures à la stipulation; 2° d'un commencement d'exécution du contrat; 3° enfin, d'une clause accessoire de la stipulation elle-même.

A. *Circonstances antérieures.* Ulpien, dans notre texte, nous indique plusieurs cas dans lesquels cet intérêt personnel au stipulant existera, et où, par conséquent, la stipulation sera valable.

1° Un tuteur stipule de ses cotuteurs *rem pupilli salvam fore.* Marcellus, et après lui Ulpien, déclarent qu'on peut soutenir la validité de cette stipulation. En effet, l'intérêt du tuteur est directement engagé. Si les cotuteurs gèrent mal les affaires du pupille, ce dernier aura un recours contre tous ses tuteurs, et par là contre celui qui, pour s'abstenir de gérer, a fait la stipulation. En stipulant *rem pupilli salvam fore,* il n'a fait que stipuler dans son intérêt (1).

2° Un individu est tenu d'une obligation et il stipule d'un tiers qu'il accomplira cette obligation en son lieu et place. La stipulation est valable parce qu'elle est utile. Ou bien c'est un entrepreneur qui a promis de construire une maison, et il stipule d'un autre entrepreneur qu'il la construira à sa place; ou bien c'est un homme qui s'est engagé à obtenir de Mœvius la vente de son fonds à Titius, et qui stipule de Mœvius qu'il donnera à Titius ce fonds; enfin, c'est un ouvrier qui s'est obligé à faire une chose et qui la fait faire. A propos de ce dernier cas, Ulpien nous dit que cet ouvrier aura *utilem ex locato actionem.* Il ne veut pas donner à entendre que cette action est donnée en dehors des principes généraux et par faveur; il constate seulement la validité de cette convention, et l'action sera utile, puisqu'elle aboutira à l'exécution du contrat.

3° Enfin, quoique n'étant pas obligé envers un autre, je puis stipuler qu'on lui donnera telle somme si j'y ai intérêt. C'est ainsi qu'est valable la stipulation par la-

(1) Marcellus semble supposer un tuteur qui, après avoir commencé à administrer, cède la gestion à son cotuteur. La solution est sans doute exacte; mais il ne faut pas oublier qu'il en serait de même dans le cas où le tuteur ferait cette stipulation *rem pupilli salvam fore* avant toute immixtion dans les affaires de la tutelle; car, même dans ce cas, obligé de gérer, il est responsable de la mauvaise gestion de ses cotuteurs.

quelle vous promettez de donner une certaine somme a mon *procurator*. J'ai intérêt à ce que mon mandat soit bien accompli, et pour cela il faut que mon mandataire ait à sa disposition les sommes qui lui sont nécessaires.

En résumé, dans chaque hypothèse particulière, il faudra voir si j'ai à l'exécution de la stipulation un intérêt pécuniaire, si oui l'acte est valable, si non l'acte est inutile. Je pourrais montrer une application directe de cette idée dans différents textes du Digeste et du Code. Qu'il me suffise de citer la loi 3, Code VIII, 39. — Certes, dans tous ces cas la stipulation est valable, mais il ne faut pas se tromper sur le sens de cette expression. Il ne s'ensuit pas que le bénéficiaire apparent pourra en demander le paiement. Il n'est pas même vrai de dire d'une manière absolue que le contractant pourra en demander l'exécution entière et intégrale, ni par conséquent qu'il pourra céder sa créance d'une manière absolue à celui qui doit recevoir le paiement. La base même sur laquelle repose cette solution nous indique sa portée. L'acte n'étant valable que parce que le stipulant y a un intérêt direct, nous pouvons dire sans crainte qu'il n'est valable que jusqu'à concurrence de cet intérêt. J'ai donné par exemple mandat à Titius d'acheter une maison pour moi et j'ai fixé comme maximum du prix la somme de 10,000 sesterces. Ensuite, comme je ne puis les lui donner moi-même, je stipule de Secundus qu'il donnera à Primus une somme égale. Mon mandataire, par son habileté dans les négociations, trouve moyen de ne payer la maison que 8,000 sesterces, et l'achète pour ce prix. Si Secundus ne veut pas lui donner l'argent nécessaire au paiement, pourrais-je agir contre lui et jusqu'à concurrence de quelle somme? Je pourrai le citer en justice et le forcer à verser à mon mandataire la somme de 8,000 sesterces, seule nécessaire à l'exécution de mon mandat.

Je crois que cet exemple suffit pour faire comprendre la solution. Je puis exiger l'exécution du contrat en tant que mon intérêt le demande. Cette solution qui découle des principes théoriques de la matière est bien certainement celle du droit romain. Elle résulte d'une décision des empereurs Dioclétien et Maximien. Une femme en dotant sa fille avait stipulé, en cas de décès de cette fille, la restitution de la dot à son petit-fils, ou, s'il était mort, à Julien. Elle expose aux empereurs que la stipulation au profit de Julien est inutile, parce que ce dernier n'était pas partie au contrat. Elle désirerait que cette dot lui fût restituée. Les empereurs lui répondent : « Super stipulatu tuo adi præsidem provinciæ, ut examinatis partium allegationibus, quanti constiterit interesse tua juxta placiti fidem dotis portionem Juliano fuisse restitutam, ob incertæ actionis effectum concludat condemnationem taxatæ quantitatis. » C'est ce qui résulte encore de la loi 118, § 2, D. *de V. O.* Papinien supposant le cas où j'ai stipulé *decem mihi aut Titio utrum ego velim,* nous dit que la stipulation est *certa* en tant qu'elle crée une obligation à mon profit, elle est *incerta* quand l'obligation doit être exécutée au profit de Titius. On voit par là l'intérêt pratique qu'il y a à distinguer si la stipulation est valable par exception comme stipulation dans l'intérêt d'un tiers, ou seulement par application des principes généraux comme stipulation dans l'intérêt du contractant lui-même.

D'après quelques auteurs, cette doctrine n'aurait pas été admise de tout temps. Dans le principe la stipulation devait être annulée par cela seul qu'elle nommait un tiers comme devant devenir créancier. Cela, dit-on, ressort de l'enchaînement des textes d'Ulpien sur la matière. Quand il parle d'une stipulation pour autrui, s'autorisant de l'exemple de Marcellus, il penche pour la validité. Au contraire, se plaçant dans l'hypothèse d'un contrat de bonne foi, le louage d'ouvrage, toute hésitation disparaît, il est certain que le contrat est valable. Puis, partant de là, il expose la règle générale. Il étend donc au cas de stipulation un principe reçu depuis longtemps dans les contrats de bonne foi. Cette idée est peut-être vraie; elle serait en accord avec le formalisme des premiers Romains. Mais ce n'est là qu'une conjecture; pour moi, les textes d'Ulpien ne sont pas assez décisifs pour me permettre d'affirmer un changement de jurisprudence.

B. *Commencemeut d'exécution.* Un commencement d'exécution de l'acte au profit d'autrui peut créer cet intérêt personnel du stipulant à l'exécution intégrale de la stipulation. Celui qui donne mandat de gérer les affaires d'un autre peut forcer le mandataire à continuer la gestion. Il peut y avoir intérêt, non pas parce qu'il a donné le mandat, mais parce que, dès qu'un acte de gestion est intervenu, il est censé gérer lui-même les affaires du tiers. (L. 21, § 3, D. *De neg. gest.*, III, 5.) Tenu de l'action *negotiorum gestorum*, je dois continuer ou assurer la gestion au moins jusqu'à ce que le maître ait pu reprendre l'administration de son patrimoine. Mon intérêt est évident, aussi mon droit d'action n'est pas douteux.

C. *Clause pénale.* Du reste, le stipulant peut indirectement se procurer, en agissant pour autrui, le moyen de faire exécuter la promesse. (Ulpien, l. 38, § 17, D. *de V. O.*) La *stipulatio pœnæ*, ajoutée à la stipulation pour autrui, me donne l'intérêt qui me permettra d'agir. Me promets-tu de faire telle chose pour Titius, et, si tu ne le fais pas, me promets-tu cent? A défaut d'exécution par le promettant de son obligation, je puis agir et demander cent. Nos anciens auteurs se sont demandé comment il se fait que la stipulation pour autrui n'étant pas valable, la *stipulatio pœnæ*, qui en est un accessoire, soit elle-même efficace. Il faut répondre avec Doneau que là où la stipulation est inutile par défaut d'intérêt de la part de l'auteur, il est permis de créer un intérêt au moyen d'une clause accessoire. De cette manière, le seul défaut qui pouvait affecter l'acte disparaît et nous avons un contrat parfaitement efficace, puisqu'il remplit toutes les conditions de validité des contrats. Du reste, la stipulation *pœnæ* n'est pas un accessoire de la première stipulation, c'est l'acte principal dont la stipulation au profit d'un tiers n'est que la condition. On n'examinera, dit Ulpien, que l'objet stipulé et la condition qui est insérée. Si cette condition était impossible, illicite, la *stipulatio pœnæ* ne serait pas valable, parce qu'elle-même serait entachée du même vice; dans notre hypothèse il n'y a rien d'illicite.

Jusqu'ici j'ai étudié cette règle de la stipulation pour autrui dans la stipulation elle-même. Je l'ai fait parce que les jurisconsultes romains l'ont développée sur cette partie du droit, et aussi parce que, suivant l'expression de M. Accarias, la stipulation est le moule régulier dans lequel les parties doivent jeter leur volonté pour la rendre obligatoire. Toute volonté de l'homme, pour produire un effet juridique, peut s'exprimer dans cette forme. « Cela est si vrai, dit encore l'éminent professeur, que là même où les parties ont la possibilité de faire un autre contrat, rien ne les empêche de recourir de préférence a la stipulation; et, par exemple, le but qu'elles atteindraient par une simple vente, elles le réalisent tout aussi bien par deux stipulations, l'une ayant pour objet la chose et l'autre le prix. » Mais s'il est vrai que toute volonté juridique peut s'exprimer sous la forme d'une stipulation, il n'est pas moins certain que cela pouvait avoir des inconvénients, entre autres celui de diviser en deux actes distincts les deux parties d'un même contrat. Aussi les Romains eurent-ils recours à différents contrats définis et réglés par la loi. Je dois examiner, aussi rapidement que possible, l'effet des clauses en faveur d'autrui, qui pourraient être insérées dans un de ces contrats.

On comprend, dit-on, que la stipulation pour autrui ne soit pas valable, et que même le stipulant ne puisse en demander l'exécution. La stipulation ne vaut que par les paroles qui ont été prononcées; elles seules déterminent strictement le sens et la portée du contrat. Or, comme le stipulant n'a rien stipulé pour lui, nous ne pouvons lui accorder le droit d'agir. Dans les autres contrats, au contraire, la volonté humaine est mieux respectée, la forme a perdu sa prépondérance, on cherche l'exécution loyale de la convention. Or, la bonne foi n'exige-t-elle pas que la clause au profit d'autrui soit exécutée comme toute autre; et si telle est la force de la volonté exprimée ne doit-on pas permettre aux parties contractantes elles-mêmes de recourir à la justice pour la faire respecter. On concevrait donc facilement un système de loi qui, tout en laissant subsister la règle : *Nemo alteri stipulari potest,* accorderait cependant pleine efficacité aux clauses insérées dans un contrat de bonne foi au profit d'un absent. La législation romaine a-t-elle admis cette théorie?

Les auteurs sont profondément divisés à ce sujet. Les uns ne veulent pas étendre la règle au delà de la stipulation. Les autres lui donnent une portée générale. Les premiers prétendent s'appuyer sur les principes précédemment exposés. Nous avons admis avec les textes et tous les jurisconsultes que quand le stipulant est intéressé à l'exécution de l'obligation, cet intérêt rend la stipulation valable. Or, quelle doit être la nature de cet intérêt? Dans la stipulation, contrat de droit strict, qui doit s'interpréter contre le créancier, l'intérêt doit être pécuniaire. Dans les contrats de bonne foi, l'intérêt pécuniaire n'est plus le seul que nous devions faire entrer en ligne de compte. Papinien, dans un texte célèbre, nous dit : « Placuit enim prudentioribus affectûs rationem in bonæ fidei judiciis habendam. » (L. 54, *D. mand. vel contra.*) D'après le grand jurisconsulte, un intérêt d'affection, dans les contrats dont nous nous occupons, est suffisant pour donner lieu à une action. Cela avait été une question controversée; mais les plus savants l'avaient ainsi tranchée.

Partant de ce principe, il est facile, dit-on, d'en faire découler la théorie de la stipulation pour autrui permise dans les contrats de bonne foi. Quand je fais un acte par lequel je stipule au profit d'un tiers certains avantages, c'est que je suis poussé par mon intérêt propre ou par un intérêt d'affection. On peut même dire qu'à défaut de tout intérêt pécuniaire, mon affection pour une personne est la mesure des actes que je ferai pour elle. Par conséquent, toujours et nécessairement, je pourrai poursuivre en justice l'exécution des clauses que j'aurai insérées dans un de ces contrats au profit d'un tiers.

Il semble qu'aucune difficulté ne doive nous arrêter; les déductions tirées des principes précédemment établis sont logiques. De bons auteurs cependant refusent d'admettre cette conclusion. C'est que ce fragment de Papinien n'est pas le seul que nous possédions sur la matière, et les autres textes soit du Digeste, soit du Code, viennent, je crois, contredire cette théorie. « Une telle doctrine, dit M. Accarias, ferait des contrats de bonne foi une source intarissable de chicanes. » La vente, contrat de bonne foi, n'admettait pas cette stipulation pour autrui, comme l'indique la loi 6, Code IV, 50. Cependant, c'est à propos de la vente, que Papinien nous avertit de tenir compte de l'intérêt d'affection. Est-ce qu'il y avait eu changement dans la jurisprudence? Je n'en crois rien, car au temps de Papinien lui-même, on ne pouvait faire un simple pacte au profit d'un tiers. (L. 17, § 4, *De pactis.*) Les pactes étaient pourtant régis par la bonne foi. Et à propos du pacte *de constitut,* si important et si favorisé par le préteur, Ulpien nous dit : « Quod si mihi constitueris Sempronio, te soluturum non teneberis. » (L. 5, § 5, *De pec. const.,* XIII, 5.) Il en est de même des pactes adjoints à une constitution de dot, là pourtant où des règles spéciales et favorables avaient été admises. Enfin Scevola nous donne la règle générale, règle encore en vigueur sous Justinien : « Nec paciscendo, nec legem dicendo, nec stipulando, quisquam alteri caveri potest. » (L. 73, § 4, *De reg. juris.*) L'acte ou la clause au profit d'un tiers est nul.

Cela est suffisant pour démontrer que le principe qui défend la stipulation pour autrui s'applique aussi bien aux contrats de bonne foi qu'aux contrats de droit strict. Mais alors comment expliquer la loi 54 *Mandati*. Un intérêt d'affection, nous dit Papinien, peut être pris en considération dans les contrats de bonne foi. Le juge, par suite de son pouvoir d'appréciation, n'est plus aussi limité que dans la stipulation où le contenu des *verba* donne la mesure de la dette. Mais quelle sera la mesure de la considération que le juge devra avoir de l'intérêt d'affection ? Pourra-t-il seul donner droit d'agir, et s'il le peut dans quelques cas, le pourra-t-il toujours ? C'est ce que Papinien ne nous dit pas ; et dès lors la base bien fragile de l'opinion adverse tombe. Et puis il faut examiner quelle est l'hypothèse dont s'occupe le grand jurisconsulte romain. Il s'agit d'une personne qui, en vendant un esclave a ajouté comme condition que cet esclave, qui est peut-être son fils ou son frère, serait affranchi. Pourra-t-il agir pour demander cet affranchissement? Oui, dit Papinien. Mais n'est-ce pas là une décision dictée surtout par l'idée de faveur due à la liberté. Marc-Aurèle et Commode déclarent l'esclave libre, et d'autres rescrits donnent la même décision. (L. 2 et 3, Code IV, 57.) Les jurisconsultes romains et Papinien lui-même donnent cette solution. (L. 8, D. XL, 8.) De là à permettre au vendeur d'agir pour exiger cette manumission il n'y a qu'un pas. Du reste, il résulte de plusieurs textes que cette action n'est pas donnée par application des principes généraux. « Si hac lege veniit ut intra certum tempus manumittatur, si non sit manumissus, liber fit, si tamen is qui vendidit in eadem voluntate perseveret, heredis voluntatem non esse exquirendam. » (L. 3, D. XVIII, 7.) D'après le droit commun, l'héritier trouvant l'action résultant de la vente dans l'hérédité, devrait pouvoir l'exercer ou non, comme l'aurait pu son auteur. Cependant on ne tiendra aucun compte de sa volonté. — De même le vendeur devrait pouvoir demander l'exécution de toutes les clauses du contrat, le prix de vente et l'affranchissement. Les empereurs Dioclétien et Maximien lui donnent le choix de demander le paiement ou de réclamer son esclave. Cette décision me semble inexplicable dans un système qui voudrait que, dans les contrats de bonne foi, l'intérêt d'affection, ne fût-ce que dans certains cas particuliers, fût considéré à l'égal de l'intérêt pécuniaire. Je crois pouvoir conclure de tout cela que, même dans l'opinion de Papinien, l'intérêt moral n'était pas suffisant pour donner naissance à une action. Aussi nous repousserons l'opinion de M. Vernet et nous appliquerons dans les contrats de bonne foi, la règle : *Nemo alteri stipulari potest.* (Comp. L. 7, D. *De servis exportandis,* XVIII, 7.)

Nous trouvons, en matière de dot, une autre exception à la règle qu'on ne peut agir en vertu d'un simple intérêt d'affection. Un père a doté sa fille, qui plus tard est évincée. Au moment de la vente faite au père, il était intervenu une stipulation *duplæ,* pour le cas où l'acheteur serait évincé. Peut-il agir de suite en vertu de cette stipulation? C'est un point très-douteux. En effet, on ne peut dire que la propriété du fonds donné est au père; donc pas d'éviction possible atteignant l'acheteur. Pour le cas où la fille n'est pas émancipée, il est probable que l'application de la peine est immédiatement encourue. Mais il est difficile de donner la même réponse pour le cas où elle est émancipée. Dans ce cas, en effet, le père ne recouvrera la dot que si sa fille vient à mourir pendant le mariage. Cependant ne peut-on pas dire qu'il lui importe d'avoir une fille dotée, et lui accorder immédiatement l'action *ex stipulatu duplæ?* D'après Paul, l'affection paternelle l'exige impérieusement. (L. 71, D. *De evict.,* XXI, 2.) Dans ce cas, il y a stipulation pour autrui en ce sens que si le père agit ce n'est pas pour lui qu'il aura fait la stipulation *duplæ,* car il doit mettre le bénéfice de l'action à la place du fonds dont on est évincé. Il y avait donc indirectement stipulation au profit d'un tiers, stipulation valable, puisque le contractant pourra agir. Est-ce à dire qu'en matière de dot la stipulation pour un tiers soit permise? Je n'hésite pas à répondre négativement. Qu'on le remarque, au moment de la stipulation *duplæ*, il y avait contrat au profit de celui qui agit; donc la stipulation était valable. Il se trouve que par suite de circonstances postérieures et indépendantes du contrat principal le stipulant n'a pas un intérêt actuel, d'où il semble que la stipulation est paralysée. Mais cet intérêt pécuniaire, qui fait défaut, existera peut-être plus tard, si la fille dotée meurt pendant le mariage, et par conséquent peut-être plus tard le père pourra-t-il agir à bon droit. Dans ce cas favorable, tenant compte de l'affection paternelle lésée, Paul permet d'agir immédiatement en vertu de la stipulation *duplæ.* C'est une exception qu'il ne faut pas étendre à d'autres cas, même dans une constitution de dot.

Lorsqu'il s'agit d'un contrat unilatéral, l'effet de la règle est simple; l'acte étant nul ne peut donner naissance à aucune action. Au contraire, quand nous sommes en présence d'un contrat synallagmatique, quand le stipulant s'est imposé un sacrifice en vue d'obtenir un certain résultat, la nullité de sa créance entraîne la nullité du contrat tout entier. S'il n'a pas accompli son obligation, il ne pourra être poursuivi. S'il a donné ce qu'il s'était engagé à livrer, ou bien il a intérêt à l'exécution du contrat et il a l'action *præscriptis verbis* afin d'obtenir des dommages-intérêts équivalents au préjudice qu'il éprouve, ou bien il aura une *condictio* pour se faire rendre ce qu'il a livré sans cause. (L. 7, D. *De presc. verbis,* XIX, 5.)

Nous avons vu jusque-là que la stipulation au profit d'un tiers est nulle, sauf quand le stipulant a un intérêt pécuniaire à son exécution; que cette règle s'applique à tous les contrats, même aux pactes. Nous avons rencontré deux exceptions, et je ne prétends nullement que ce soient les seuls. Avant d'étudier quel est le caractère de cette stipulation vis-à-vis du tiers en faveur de qui on stipule, il me reste à examiner deux points qui ont soulevé quelques difficultés : je veux parler des stipulations *mihi aut Titio et mihi et Titio,* c'est-à-dire de l'adjonction dans une stipulation personnelle au nom d'un tiers.

1° *Stipulatio mihi aut Titio.* Je puis stipuler pour moi ou Titius. Il suffit de remarquer que dans cette stipulation je suis indiqué comme créancier pour voir *a priori* qu'elle ne peut être nulle. Mais quels effets pourra avoir cette adjonction de Titius? Je stipule que la créance sera payée à moi ou à un tiers que je désigne. C'est l'*adjectus solutionis gratia.* Le débiteur pourra se libérer entre ses mains comme il le ferait entre les miennes, et le paiement produira exactement les mêmes effets. Il y a au premier abord dans cette *adjectio* une faculté donnée au débiteur, et on ne voit pas comment cette théorie peut se rattacher à la stipulation pour autrui. Cependant les jurisconsultes romains comparent souvent l'une à l'autre, et cela pour deux raisons : d'abord il y a dans les deux adjonction d'un tiers qui va jouer jusqu'à un certain point le rôle de créancier. En second lieu, il peut se faire que la créance produise tous ses effets au profit de celui qui est indiqué comme simplement chargé de recevoir le paiement.

En principe les pouvoirs de cet *adjectus* sont restreints. Il n'est pas créancier. (L. 141, § 3, *de V. O.*) Aussi il ne peut exercer l'action, ni faire novation, ni acceptilation. (L. 10, D. *de sol.*, XLVI, 3), ni recevoir des fidéjusseurs, ni faire un constitut. Il peut seulement recevoir le paiement. Mais le créancier ne peut empêcher que le paiement soit fait entre ses mains; *quia certam conditionem habuit stipulatio quam mutare non potest creditor.* Il en serait autrement si le mandataire n'avait été autorisé qu'après coup à recevoir le paiement. (L. 12, § 2 et 3 et L. 106, D. *de sol.*) D'un autre côté le débiteur ne peut payer qu'à celui qui est autorisé à recevoir, pas même à ses héritiers. (L. 81, *eod. tit.*) Si l'adjectus est esclave, fils de famille, pupille ou *furiosus,* c'est à lui qu'il faut payer et non au père de famille, ni au tuteur, ni au curateur. L'assistance de ces personnes n'est même pas nécessaire pour la validité du paiement. (L. 9, *pr. eod. tit.*) Cependant Papinien permet de se libérer entre les mains du curateur du furieux, ou du tuteur du pupille. On peut aussi, d'après lui, payer au maître de l'esclave *adjectus.*

Le débiteur peut payer entre les mains de l'*adjectus* jusqu'à la *litis contestatio* de la demande intentée par le créancier. On ne peut, au moins d'après Africain, lui faire le paiement qu'autant qu'il demeure dans la même condition juridique, c'est-à-dire qu'il n'a subi aucune *capitis diminutio.* Là encore Papinien, parlant d'un usufruit, donne une solution différente. (L. 36, pr. et L. 95, §§ 6 et 7, *eod. tit.*)

Le créancier peut-il stipuler dix pour lui ou un esclave pour Titius? D'après Gaïus, c'était une clause illicite. Mais si le débiteur paie l'esclave à Titius, il aura une exception pour se défendre. (L. 141, § 5, D. *de V. O.*) D'après Julien et Paul, au contraire, le paiement de l'esclave fait à Titius serait libératoire. Paul voit là une espèce d'obligation alternative au choix du débiteur. (L. 34, § 2 et L. 98, § 6, *De sol.*, XLVI, 3.) De même le paiement peut être fait à des époques différentes ou à des conditions diverses. Il faut toujours, pour que le créancier puisse agir, que son droit soit certain et exigible; peu importe que la condition ou le terme insérés en ce qui concerne Titius soient arrivés.

Jusqu'ici l'adjonction d'un tiers nous paraît faite au profit du débiteur qui ne sera pas obligé pour se libérer de se rendre auprès du créancier. S'il y trouve un avantage il paiera à l'*adjectus*. Mais cette clause permet-elle au créancier d'exiger que le paiement soit fait entre les mains de l'*adjectus?* En principe, le créancier n'a pas ce droit, car on arriverait ainsi à faire échec à la règle qui défend de faire un acte valable dans l'intérêt d'autrui. Là encore nous rencontrons un tempérament d'équité. Quand sous l'apparence d'un droit de créance attribué à Titius se cachera l'intérêt du créancier, il pourra exiger que le paiement soit fait à Titius. Par exemple, j'ai un mandataire qui, à un moment donné, aura besoin d'argent. Je stipule de Seius qu'il me donnera à moi ou à Titius mon mandataire, à mon choix, la somme dont il aura besoin. Lorsque le terme sera expiré, je pourrai exiger que l'argent soit donné à mon mandataire. Cette faculté me sera d'autant plus utile, qu'au moment de l'arrivée du terme je puis être absent. Ajoutons que l'intérêt du créancier sera la mesure de son droit d'action. (L. 118, § 2, D. *de V. O.*)

2° *Stipulation mihi et Titio.* A côté de la stipulation *mihi aut Titio,* nous rencontrons la stipulation *mihi et Titio.* Là il n'est plus possible de considérer Titius comme simplement chargé de recevoir le paiement à la place du créancier. On a voulu lui attribuer une autre qualité, celle de créancier pour partie. C'est bien là au moins pour partie une stipulation pour autrui; aussi en principe elle ne sera pas valable. Personne ne pourra exiger qu'on accomplisse cette obligation vis-à-vis du tiers. Que va devenir le contrat qui a été passé? On peut concevoir trois partis à prendre, ou bien annuler complètement l'acte, ou bien le valider pour le tout en considérant l'adjonction de Titius comme non avenue et en rendant le stipulant créancier du tout; ou bien valider l'acte, quant à la partie pour laquelle Titius devait devenir créancier et l'annuler pour le reste. La première solution n'aurait pu se concevoir que dans les contrats de droit strict; c'eût été la peine d'avoir violé la forme du contrat. Les Romains ne s'y arrêtèrent pas. Les deux autres solutions présentaient chacune leurs avantages et leurs inconvénients. Mais tout d'abord aucune hésitation n'était possible dans le cas où après avoir stipulé cinq pour moi je stipule cinq pour Titius. Dans cet acte, il y a en réalité deux contrats distincts, l'un parfaitement valable, l'autre nul. Il faut donc envisager la question dans l'hypothèse où on a stipulé indivisément pour un tiers et pour soi. Des controverses s'élevèrent en droit romain et maintenant encore, on n'est pas absolument d'accord sur la solution qui finit par prévaloir.

Gaïus, dans son commentaire III, § 103, nous dit que, d'après les Sabiniens, la stipulation *sibi et alii* était valable pour le tout; le stipulant avait la créance tout entière. Par une interprétation favorable ils pensaient que l'adjonction du tiers ne pouvait avoir pour effet d'annuler, même pour partie la convention : *utile per inutile non vitiatur*. Les Proculiens, au contraire, pensaient qu'il y avait une stipulation faite pour deux personnes, à chacune desquelles les parties avaient voulu acquérir une créance de la moitié. Cette volonté, les parties n'ont pu la réaliser complètement. Pour la moitié qu'il a voulu attribuer au tiers, le stipulant a fait un acte inutile. Telle est la pensée de Pomponius dans la loi 110, D. *de V. O.* C'était raisonner bien rigoureusement, et cette solution contraste avec celle donnée dans le cas où un esclave commun stipule une chose. L'objet en principe est acquis pour moitié à chacun des maîtres. Si l'un d'eux ne peut acquérir la créance, elle appartient pour le tout à l'autre. (L. 5, § 1, D. *De stip. serv.*, XLV, 3.)

Les Romains poussèrent loin cette idée et nous voyons Ulpien déclarer : *Eum qui dicat mihi decem et Titio decem eadem decem, non alia decem dicere credendum est.* (L. 38, § 19, *de V. O.*) Sans doute cette interprétation rigoureuse ne serait pas appliquée dans les contrats de bonne foi. Seulement elle montre combien l'idée Sabinienne de l'inutilité de l'adjonction du tiers avait été repoussée, et comment on s'était jeté dans un excès contraire. La théorie proculienne fut admise par Justinien. (*Inst.*, L. III, t. XIX, § 4.) Quant à la stipulation, pas de doute possible; elle sera valable mais seulement pour moitié.

Si aucun doute n'est possible pour la stipulation, il n'en est pas de même pour les contrats de bonne foi. Dans ces actes, devait-on valider la convention pour le tout ou seulement pour partie? Javolenus, dans la loi 64 *De contrahenda emptione* (D. xviii, 1), nous parle d'une vente. Pour lui, le nom de Titius est non avenu et l'acquéreur a droit à toute la chose vendue. La question, comme pour la stipulation avait été controversée; le jurisconsulte interrogé donne son opinion. Si ce texte était rapporté partout ailleurs que dans le Digeste on dirait que Javolenus étant Sabinien donne la solution de son école. Il donnait donc la même réponse que pour la stipulation, et nous ne voyons nulle part qu'en droit classique les Romains aient donné pour ces deux cas une solution différente dans une même école.

Ce texte se trouve au Digeste et il a pour nous force de loi. Est-ce une maladresse des commissaires de Justinien? Peut-être; cependant elle est assez difficile à admettre. En insérant ce texte ils ont dû reporter leur pensée vers la controverse et se demander quelle opinion avait prévalu. Ce texte ne s'occupant que de ce cas, on ne peut dire que les rédacteurs faisant trop attention à une partie ont laissé passer par inadvertance ce principe. Il semble donc bien que telle a été la solution à laquelle s'arrêtait Justinien. Mais alors la controverse change de caractère. Il ne faut plus se demander seulement si l'acte est valable pour le tout ou pour partie; il faut encore rechercher si la même solution était admise pour tous les contrats. Pour les contrats de bonne foi tels que la vente, on aurait plus de latitude, on ne serait plus retenu par le principe que la stipulation doit s'interpréter contre le créancier. L'équité forcerait alors de permettre à l'acheteur de réclamer la chose entière. Rien dans les textes, à ma connaissance, interdit cette solution. Au Digeste et dans les Institutes, quand il est dit que l'acte sera valable seulement pour partie, il ne s'agit que de la stipulation. Reste donc le texte de Javolenus qui semble indiquer la solution que nous devons admettre pour tous les contrats de bonne foi.

Il va sans dire que dans ces cas, si j'avais intérêt à ce que le contrat fût accompli dans toutes ses parties, je pourrais en exiger l'exécution intégrale. Par exemple, si j'ai promis à Titius d'acheter pour lui et pour moi indivisément la maison de Primus, je ne deviendrai pas seul acquéreur de cette maison, même dans l'opinion proculienne. Je pourrai exiger que Primus en transfère la propriété indivisément à Titius et à moi. Et si plus tard nous sommes évincés, je pourrai recourir contre mon vendeur par l'action *empti,* non-seulement pour me faire indemniser de la perte de ma part indivise, mais aussi pour faire allouer à Titius les dommages et intérêts qui lui sont dus, dommages que sans cela je devrais payer moi-même en vertu de nos conventions antérieures. Mais si dans l'acte de vente j'ai inséré une stipulation *duplæ* pour le cas d'éviction, je n'ai pu la faire pour moi et Titius. Elle ne sera valable qu'en ce qui me concerne. En effet, si je ne procure pas à Titius la moitié indivise de la maison, je lui en dois la valeur, mais je la lui dois au simple et non au double. N'ayant pas d'intérêt je ne puis avoir d'action.

SECTION DEUXIÈME.

Des stipulations pour autrui au regard d'autrui.

Après avoir étudié les droits accordés à celui qui a stipulé pour autrui, il nous reste à examiner les rapports entre deux personnes dont l'une demande à profiter d'un acte accompli par un tiers. Il s'agit des rapports entre le promettant et le bénéficiaire du contrat. Ce tiers aura-t-il un droit quelconque? Il semble bien que non, car on ne peut acquérir un droit par une personne à laquelle on n'est pas uni par un lien de puissance. Cependant ce principe n'est pas absolu et il faudra passer en revue quelques exceptions dont nous aurons à déterminer l'étendue. Dans la première partie de notre travail nous avons pu, la plupart du temps, développer une théorie juridique. Même les exceptions peuvent se rattacher à un principe. Dans la partie où nous allons entrer je crains de ne pouvoir établir une théorie qui nous serve de guide. Nous aurons à étudier des décisions d'espèces. Tenter de les généraliser serait complètement arbitraire en droit romain.

La stipulation pour autrui est nulle en ce sens que celui qui agit n'acquiert pas l'action pour le tiers, la loi le lui défend. Il peut être nécessaire, même dans l'intérêt du stipulant, au moins dans les cas où l'acte n'est pas complètement nul, que le tiers puisse agir lui-même. Ainsi j'ai stipulé de Primus qu'il donnerait 100 à Secundus, mon mandataire, afin de lui permettre d'achever, pendant une absence que je prévois, une entreprise commencée; j'aurai une action comme nous l'avons déjà vu. Si seul je puis intenter l'action, mon but est manqué, car je suis absent. Il faut donc que mon mandataire puisse réclamer le paiement de la dette. Ce résultat, en droit romain, ne s'accomplit pas directement. Une autre théorie romaine vient remédier à cet inconvénient. A partir de la stipulation je suis créancier, je n'aurai donc avant mon départ qu'à faire à Secundus cession de ma créance contre Primus. Cette cession, suivant les diverses époques du droit romain, a eu des effets plus ou moins considérables. Je n'ai point à les étudier ici en détail. Il me suffit d'indiquer ce moyen d'atteindre le but que les parties se sont proposé. Ce moyen assez simple, quoique indirect, de faire passer à quelqu'un le bénéfice d'un droit qu'on a stipulé pour lui s'appliquera chaque fois que, d'après les principes que nous avons étudiés, la stipulation pour autrui produit une action au profit du stipulant.

C'est d'après cette idée, je crois, qu'il faut expliquer un texte d'Ulpien dans lequel une action est accordée au bénéficiaire. Un créancier nanti d'un gage, n'étant pas payé à l'échéance le vend. Il ajoute que si le débiteur, propriétaire du gage, vient à payer le prix de vente, il lui sera permis de reprendre sa chose. Cette stipulation, faite au profit d'un tiers, a pour but de lui attribuer un droit que le contrat de gage ne lui confère pas. Cependant elle est valable : le créancier sera tenu de céder au propriétaire son action contre l'acquéreur. En effet, le créancier qui vend un gage est tenu de le faire aux conditions les plus avantageuses pour le débiteur, la faculté de reprendre le gage en cas de paiement est de ce nombre; donc, puisqu'il pouvait l'obtenir, il y était tenu sous peine de dommages-intérêts. Il a donc intérêt à ce que la clause soit observée et il a l'action *venditi* pour faire remettre la chose au débiteur, action qu'il peut lui céder. Ulpien va cependant plus loin, et s'il n'y a pas cession, le débiteur ne sera pas désarmé. Il aura à son choix l'action en revendication ou une action *in factum* contre l'acquéreur. Il n'y avait aucune difficulté à lui accorder l'action *in factum* puisqu'il avait droit à l'action directe, et que, d'après Ulpien, au moins dans certains cas, une cession d'action obligatoire est censée accomplie.

D'après certains auteurs, on peut acquérir à un tiers l'action résultant d'une stipulation prétorienne, ainsi que la *conditio ex mutuo* et la propriété des *res nec mancipi*. Tous ceux qui, contrairement à mon opinion, admettent que la nullité de la stipulation pour autrui dérive du principe de la non-représentation en droit romain, accordent au tiers l'action *ex mutuo* et la revendication.

Il est certain que les promesses reçues par un *procurator* sur l'ordre du préteur font acquérir l'action qui en résulte au mandant. (L. 3 et 5, D. *De stip. præt.*, XLVI, 5.)

En était-il de même pour le cas de stipulation faite sur l'ordre du préteur par un individu agissant sans mandat au profit d'un tiers? Je ne le pense pas : du moins aucun texte ne nous autorise à le dire.

Quant à l'action en revendication et à la *condictio ex mutuo,* elles seraient données par suite de ce principe qu'on peut posséder *per extraneam personam.* Si je suis présent et que la tradition soit faite par mon ordre à un tiers, il n'y a aucune dérogation aux principes ordinaires. L'élément matériel de la possession peut se réaliser dans la personne d'un tiers, il suffit que l'élément intentionnel existe chez celui qui devient possesseur. Mais on va plus loin, la possession peut être acquise par un mandataire, même sans que le mandant connaisse la prise de possession. Les deux éléments matériel et intentionnel peuvent se réaliser en la personne du mandataire. (Paul, *Sent.*, L. 5, t. 2, § 1.) Ou bien les Romains se sont contentés de l'*animus* manifesté à l'avance en donnant le mandat; ou bien il faut dire que l'*animus* du maître est complété ou même remplacé par l'*animus* de l'agent. La question fut controversée, mais déjà du temps de Nératius presque tout le monde était d'accord. (L. 41, D. *De usurp.*, XLI, 3.) Les empereurs Septime-Sévère et Caracalla tranchèrent définitivement la question. *Per liberam personam ignoranti quoque acquiri possessionem, et postquam scientia intervenerit, usucapionis conditionem inchoari posse, tam ratione utilitatis quam jurisprudentia receptum est.* (L. 1, Code *De acq. et ret. poss.*, VII, 32.)

Ce principe admis, il est facile de voir comment le mandant peut directement devenir propriétaire ou créancier *ex mutuo*, par le fait de son *procurator*. Si ce mandataire se met en possession, la tradition est censée faite entre les mains du mandant. Par conséquent, si les choses sont *nec mancipi*, il devient immédiatement propriétaire, puisque la propriété de ces sortes de chose est transmise par la tradition, si la chose est *mancipi*, il lui faudra l'*usucaper*, et pour cela le mandant devra connaître la prise de possession. Mais il ne faut pas oublier que sous Justinien toutes les choses sont *nec mancipi*; et sous ce prince on peut toujours devenir propriétaire par le fait de son mandataire, même sans en avoir connaissance.

De cette théorie découle aussi la faculté pour le mandataire d'acquérir la *condictio ex mutuo* à son mandant. Pour acquérir la créance résultant d'un *mutuum*, que faut-il? Être censé avoir transmis soi-même la propriété de ce qui est donné en *mutuum*, à la condition qu'une quantité égale sera rendue au bout d'un certain temps. (L. 2, § 2, D. *De reb. cred.*, XII, 1.) Cette translation de propriété s'entend d'une façon large, et les nécessités pratiques ont fait admettre plusieurs règles particulières : *Singularia quædam recepta sunt circa pecuniam creditam.* C'est ainsi que je puis faire un prêt, en donnant à mon débiteur l'ordre de se libérer entre vos mains. Bien que l'emprunteur ne reçoive pas des écus qui aient appartenu au prêteur, il devient débiteur direct de ce dernier. D'après Ulpien, le débiteur est censé avoir payé à son créancier qui a transmis l'argent à l'emprunteur. Cette double translation de propriété est facile à concevoir au moyen de la possession. Le débiteur qui possédait pour lui va, au moment où il remet les écus à l'emprunteur, posséder pour son créancier et ainsi lui transmettre la propriété, tout en retenant la détention matérielle. Cette possession, il la transmet telle quelle à l'emprunteur, tandis que le créancier se dépouille de l'*animus domini*. C'est donc bien le créancier qui transfère la propriété à l'emprunteur, il n'y a donc aucune dérogation aux principes. Il en serait de même dans le cas où les parties voudraient transformer un dépôt en *mutuum*. Nous donnerons encore la même solution, malgré le dissentiment d'Africain (L. 34, D. *Mand.*, XVII, 1), si un mandataire voulait garder, à titre de *mutuum*, des sommes qu'il a perçues dans l'exécution de son mandat.

Dans tous ces cas, la naissance de la *condictio ex mutuo* au profit d'un tiers, s'explique facilement au moyen du principe que nous pouvons posséder *per procuratorem,* principe certain en droit romain. Mais n'est-on pas allé plus loin, et n'a-t-on pas admis qu'on pouvait sans aucun mandat, sans instructions reçues, acquérir l'action *ex mutuo* à un tiers? En un mot, n'y a-t-il pas dans ce cas dérogation à la règle qui défend de faire un contrat pour un tiers? Il faut répondre affirmativement, si l'on admet que la théorie de la stipulation pour autrui et celle de la représentation dérivent l'une de l'autre. Que faut-il dire si on admet qu'il y ait deux théories différentes? Pour moi, les textes sont muets sur ce point, et tous ceux qui semblent permettre de faire un *mutuum* au nom d'un tiers proprement dit, se rapportent au cas de mandat.

On objecte d'abord la loi **126**, § **2** au titre *De verborum obligationibus.* Si une personne, qui n'est pas soumise à notre puissance, donne en *mutuum* soit notre argent, soit le sien, nous acquérons la *condictio ex mutuo*. Dans ce texte, il n'est aucunement question de mandat ou d'instructions quelconques. Cependant, comment admettre qu'un tiers s'empare de ce qui nous appartient et le donne en *mutuum* sans notre consentement. Quelle est l'hypothèse prévue par cette loi? Un affranchi livre à un tiers une somme appartenant à son patron, et il en stipule la restitution au profit de ce patron. Il n'a pu lui acquérir l'action *ex stipulatu,* mais il lui a procuré une *condictio ex mutuo*. Cet affranchi est évidemment le chargé d'affaires de son patron, qui ne peut s'occuper des détails de sa fortune. Un noble Romain ne peut s'abaisser à ces minuties. Et puis je crois qu'il faut rapprocher ce texte de ce que dit le même jurisconsulte Paul dans son commentaire sur l'Édit. « Si voluntate mea tu des pecuniam, mihi actio acquiritur licet mei nummi non fuerint. » Si, d'après ma volonté, c'est-à-dire suivant mes instructions, vous faites en mon nom un *mutuum,* l'action m'appartient que vous ayez livré mes écus ou les vôtres.

On oppose encore l'opinion d'Ulpien dans la loi 9, § 8, au titre *De rebus creditis*. Il suppose un homme qui fait un *mutuum* avec son propre argent au profit d'un tiers absent, et qui ignore l'acte qui est intervenu. Néanmoins ce tiers acquiert l'action. Il ne s'agit pas là, dit-on, d'un mandataire chargé d'opérer un placement pour une autre personne. C'est un individu qui livre ses écus et cela sans aucune instruction, puisque le tiers ignore même qu'il y ait eu un contrat. Cela est vrai, mais l'absence du tiers et son ignorance du contrat ne prouvent aucunement qu'il ne s'agit pas d'un mandataire. Je suppose qu'un individu, sur le point de partir en voyage, charge une autre personne de prendre soin de ses intérêts et lui donne un mandat général; si cette personne opère un placement soit avec des deniers appartenant à l'absent, soit avec des deniers qui lui appartiennent parce qu'elle les a reçus dans le cours de son administration, l'action sera donnée au mandant; et ce mandant absent ignorera les contrats qui ont été passés à son profit. Le texte d'Ulpien ne prouve donc rien contre mon opinion. Du reste, la suite même du texte semble bien dire qu'il s'agit d'un placement opéré d'après un mandat. Ulpien, après avoir rapporté l'opinion d'Anston, nous dit que Julien, interrogé sur la question, donne la même réponse. Puis il ajoute pour expliquer sa pensée : « Nec dubitari quin si meam pecuniam tuo nomine voluntate tua dedero, tibi adquiratur obligatio; quum quotidie credituri mutuam pecuniam, ab alio poscamus ut nostro nomine det futuro debitori nostro. »

C'est par la même raison que j'explique un rescrit de l'empereur Philippe. Une personne a donné en *mutuum* l'argent d'un absent, qui, de retour, refuse d'accepter le placement. Cette personne poursuivie demande à l'empereur quelle action elle aura contre le débiteur, car, d'après le contrat, c'est le propriétaire et non lui qui est créancier. Il ne s'agit donc pas là, dit-on, d'un placement fait suivant les instructions du créancier, puisqu'il refuse de le reconnaître. Mais il ne s'ensuit pas que la personne qui a fait le contrat n'était pas chargée d'un mandat général afin d'administrer la fortune de l'absent. Sans doute elle n'était pas chargée de porter les écus à telle personne déterminée, car alors elle eût été un simple *nuntius*, et le contrat serait intervenu directement entre le débiteur et l'absent. Elle a fait un mauvais placement, elle a mal observé les instructions qui lui étaient données, en un mot elle n'a pas rempli le mandat comme elle le devait, aussi le propriétaire ne veut pas accepter le placement et poursuit son mandataire.

Ainsi donc dans aucun texte nous ne voyons qu'un étranger proprement dit, qui n'a aucun mandat, puisse posséder pour une autre personne et lui acquérir la *condictio ex mutuo*. Je dois avouer qu'aucun texte ne dit non plus le contraire. S'il était vrai de dire que le tiers peut faire un *mutuum* valable pour autrui, il serait difficile de trouver la raison de cette exception. Serait-ce parce que le débiteur a reçu un bien à la condition de le rendre, et qu'ainsi cet acte au profit d'autrui peut se faire sans appauvrir personne? Mais alors pourquoi ne pas lui accorder aussi l'action *ex stipulatu* quand la restitution a été spécialement stipulée.

Quoi qu'il en soit sur cette question, il est certain que le tiers, que l'acte ait été fait par mandataire, ou, dans une opinion, par un individu quelconque, ne peut avoir que l'action résultant du *mutuum* proprement dit. Qu'arriverait-il si la restitution des deniers avait été stipulée? Bien que, dit Paul, quand nous faisons suivre la numération des espèces d'une stipulation il n'y ait qu'une action *ex stipulatu* (action qui n'est pas donnée au tiers), il faut dire que dans l'espèce, quand la numération a précédé, on n'a point voulu s'écarter de l'obligation naturelle, c'est-à-dire de l'obligation *ex mutuo*. (L. 126, § 2, D. *de V. O.* — Comp. L. 9, § 4, *De reb. cred.*) Le *mutuum* est un contrat gratuit, et la *condictio ex mutuo* ne donne droit qu'au capital. Si les parties veulent faire produire des intérêts à la dette, il leur faut ajouter au contrat une stipulation au profit de celui qui a remis les écus. Cette action *ex stipulatu* sera cédée à celui qui a la *condictio ex mutuo*. Si celui qui fait le *mutuum* se fait consentir un droit de gage, ce droit ne sera pas acquis au tiers à qui est due la restitution. Ce droit provient d'un contrat différent auquel le tiers est complètement étranger, et qui rentre sous l'application de la règle générale. (L. 11, § 6, D. *De pign.*, act. XIII, 7.) Il y avait là une anomalie que Justinien fit disparaître. La cession qui était obligatoire est faite par la loi dès l'origine. L'action prend naissance en la personne de celui à qui on a voulu l'attribuer.

Paul nous enseigne que si un dépositaire fait lui-même au sujet de la chose qui lui est confiée un contrat de dépôt, il aura l'action directe tandis que le propriétaire pourra agir par l'action utile. (Sent., L. 2, t. 12, § 8.) Dioclétien et Maximien, se plaçant dans l'hypothèse où on aurait loué ou mis en dépôt la chose d'autrui, nous disent que le propriétaire peut agir *ad exhibendum*. Si la restitution a été stipulée à son profit, en droit strict il ne pourrait agir, mais par une raison d'équité il aura une action utile de dépôt. Remarquons qu'ici il s'agit bien véritablement d'une stipulation pour autrui permise. De même quand un débiteur voudra se libérer et que le créancier ne voudra point recevoir son paiement, il pourra, sur l'ordre du magistrat, déposer la chose due et il sera libéré. Le créancier aura seulement une action utile, probablement une action *depositi* contre celui qui a reçu la chose. Dans tous ces cas, il s'agit d'un propriétaire qui réclame la restitution de sa chose. La dérogation à la règle était en quelque sorte nécessaire.

Jusqu'ici nous avons vu des hypothèses dans lesquelles il n'y avait pas à proprement parler stipulation pour autrui, ou dans lesquelles celui qui a fait le pacte aurait pu agir directement. Nous avons examiné par conséquent des hypothèses dans lesquelles, à défaut d'action propre à lui accordée par la loi, le tiers aurait toujours pu exercer les actions qui appartenaient à celui qui avait fait le contrat. Dans tous ces cas, s'il existe une dérogation à la règle qui interdit la stipulation pour autrui elle est peu considérable; elle consiste plutôt, au moins dans son principe, dans un détour de procédure que dans le renversement de la théorie romaine. Il nous reste encore à examiner différents textes dans lesquels la stipulation pour autrui est exceptionnellement permise, et dans lesquels les actions sont accordées sans aucune idée de cession de la part du contractant à celui en faveur de qui l'acte a été fait.

1° *Restitution de la dot.* Un aïeul maternel en dotant sa petite-fille, pouvait stipuler que pour le cas où celle-ci viendrait à divorcer sans sa faute, la dot serait rendue à lui s'il était encore vivant, ou, s'il était mort, à sa petite-fille. L'aïeul meurt laissant pour héritier son fils et sa petite-fille divorce sans être en faute. La dot doit être restituée. Mais qui pourra la réclamer? Sera-ce le fils comme héritier du père dont il exerce les actions? Sera-ce la petite-fille en faveur de qui on a stipulé la restitution si le divorce avait lieu après la mort de l'aïeul? En droit strict, c'est le fils qui peut agir. Cependant le jurisconsulte fait remarquer que si l'aïeul n'a pu acquérir une action pour sa petite-fille, l'adjonction de celle-ci doit au moins valoir comme s'il avait stipulé *sibi aut nepti;* donc si la dot lui est rendue de bonne volonté, le mari est libéré. Il faut encore aller plus loin si l'on veut sauvegarder les intérêts de la femme divorcée, il faut qu'elle puisse agir elle-même, et à cet effet on lui accorde une action utile, fondée sur ce motif qu'il ne faut pas que frauduleusement on la prive de sa dot, et surtout sur l'affection paternelle. Ces deux raisons sont très-fortes à Rome; car *interest mulieres dotes salvas habere, propter quas nubere possint;* mais c'est surtout le second motif qui entraîne l'adhésion de Paul. On s'est demandé pourquoi, puisque le grand-père voulait pourvoir aux intérêts de sa petite-fille, il ne lui a pas fait stipuler elle-même la restitution de sa dot pour le cas où elle viendrait à divorcer après la mort de son aïeul. Il suffit de remarquer, pour le comprendre, que la petite-fille dotée est placée sous la puissance de son père. Par conséquent, si elle stipulait la restitution, elle acquerrait la créance non pour elle-même, mais pour son père, et c'est là un résultat que l'aïeul a voulu éviter. (L. 45, D. *Sol. matr.,* XXIV, 3.)

A ce texte de Paul on a voulu opposer l'opinion de Pomponius : « Per filiam patri adquiri potest, per patrem filiæ non potest. » (L. 7, D. *De pact. dot.,* XXIII, 4.) Les deux jurisconsultes ne s'occupent pas de la même hypothèse. Paul traite de la constitution de dot et des pactes qui y sont adjoints à ce moment. Pomponius suppose une constitution de dot accomplie et par conséquent les droits de chacun fixés ; si le père fait une stipulation pour sa fille, elle sera soumise à la règle générale.

Ce n'est pas seulement au profit de la femme dotée que la restitution pourra être stipulée, mais encore en faveur de toute personne unie au constituant par un lien d'affection assez fort. Elle pourra l'être au profit du fils (L. 9 et 23, D. *De pact. dot.*), des petits-fils (L. 7, Code *Pact. conv.*, V, 14.) Elle ne pourrait l'être au profit d'un étranger. (L. 26, Code *De jure dot.,* V, 12.) Les parents peuvent stipuler pour leurs enfants; devra-t-on admettre la réciproque et dire qu'une fille en se mariant pourra stipuler la restitution de sa dot au profit de ses parents? Non : cependant si l'héritier de la fille a déjà versé la somme entre les mains de la mère, il ne pourra être poursuivi par le mari. Ce dernier serait repoussé non pas par une exception *pacti conventi,* car la convention est nulle, mais par une exception de dot. (L. 26, § 4, D. *De pact. dot.*) Nos anciens auteurs expliquent ce fait qui pourrait paraître étrange, en disant que l'affection des enfants pour leurs parents est beaucoup moins vive que celle des parents envers leurs enfants. (Cujas sur cette loi.)

Ces exceptions sont certaines, mais il est difficile d'en déterminer la portée. Dans tous les textes que nous avons vus, il s'agit d'une restitution de dot, en sera-t-il de même de tous les contrats passés par un ascendant au profit de ses descendants? D'un autre côté, faut-il que le père stipule la restitution principalement pour lui et accessoirement pour ses enfants, ou peut-il stipuler uniquement pour ses enfants?

En dehors du cas de restitution de dot, un père peut-il stipuler pour son fils ou pour sa fille? Un texte d'Ulpien, dans sa généralité, semble admettre l'affirmative. « Si ita quis stipulatus sit : post mortem meam filiæ meæ dari, utilis actio filiæ competit licet heres non existat. (L. 45, D. *de V. O.*) Le père peut acquérir à sa fille un droit personnel en dehors de tout lien d'hérédité. Alors comment expliquer que le père, en stipulant l'exercice d'une faculté au profit du fils qui est sous sa puissance, fasse un acte inutile? On comprendrait difficilement que ce qui est défendu à l'égard du fils soit permis à l'égard de la fille. Je crois que le texte d'Ulpien est trop général, le principe qu'il expose, vrai en matière de restitution de dot, est faux dans les autres cas. Pomponius, examinant la même question, donne une solution contraire et non moins générale. Enfin, il faut remarquer qu'Ulpien n'étudie pas dans quels cas un père peut stipuler pour ses enfants, mais qu'il affirme que, dans les cas où cela est permis, il est possible que la stipulation soit faite *post mortem stipulantis.* C'est la même question qu'examine Africain dans la Loi 23, au titre *De pactis dotalibus :* « Vim ejus stipulationis hanc esse ut si in matrimonio mortuo esset dos patri redderetur, et perinde habendum ac si talis stipulatio interposita fuisset, si navis ex Asia venerit mihi, aut post mortem meam Lucio Titio dare spondes? nam et si post mortem stipulatoris navis venisset heredi deberi. » Seulement Ulpien au lieu de prendre une clause au profit de l'héritier prend un cas de stipulation permise, celle d'un acte fait par le père au profit de sa fille dans les cas où cela est possible.

Il semble que dans ces cas exceptionnels les Romains n'exigeaient pas que le père stipulât pour lui en même temps que pour ses enfants. Il est vrai que presque dans tous les textes c'est ainsi que la clause nous est présentée, mais il n'en est pas toujours ainsi. (L. 85, Code *De pact. com.* et L. 45, D. *De V. O.*) Cela serait même impossible dans le cas où une femme en se dotant stipulerait la restitution de sa dot au profit de ses enfants, si elle vient à prédécéder. (L. 4, Code *De pact. com.*, v, 14.) Enfin remarquons que les descendants n'ont pas besoin d'être héritiers pour invoquer l'action utile résultant du contrat. (L. 9, D. *De pact. dot.*, L. 85, D. *De V. O.*)

Si nous recherchons la raison de la faveur accordée à cette clause, il est assez difficile de la trouver. L'affection paternelle ne suffit pas, puisque toutes les stipulations au profit des descendants ne sont pas permises. La faveur due à la dot ne peut nous satisfaire, puisque d'un côté la convention intervenue après la constitution de dot est nulle, et que, d'un autre côté même insérée dans la constitution de dot, elle n'est valable qu'au profit de certaines personnes. Il nous faut combiner ces deux motifs et ajouter avec Pompinius : *Initio dotis dandæ legem quam velit is qui dat dicere potest.* (L. 5, D. *De pact. dot.*)

Donation sub modo. Il est tout naturel que quand je fais une donation à quelqu'un, je puisse lui imposer l'obligation de faire participer un tiers à une partie de cette libéralité. A l'origine, je n'avais aucune action pour forcer mon donataire à accomplir sa promesse. Je n'étais pas cependant complètement désarmé. J'avais donné en vue d'obtenir un certain résultat; ne l'obtenant pas, je pouvais demander la récision de la donation par une *condictio causa data causa non secuta.* (L. 8. Code IV, 6.) D'un autre côté, le tiers en faveur de qui la charge était imposée n'avait aucun droit, à moins qu'il n'eût, au moment de l'acte stipulé du donataire principal, l'accomplissement du *modus.* On lui accorda une action utile; ce fut une innovation. Il est curieux de rechercher à quelle institution doit se rattacher cette action utile. On a donné jusqu'à trois solutions à cette question. D'après les uns, cette action ne serait autre que l'action *prescriptis verbis.* Lorsque le donateur impose à son profit l'exécution d'un fait ou d'une dation, il peut recourir par cette action contre le donataire et le forcer à remplir sa promesse. Il y a eu contrat innommé *do ut des,* ou *ut facias.* Pourquoi ne pas accorder aussi cette action au tiers dans notre hypothèse? On dit qu'il n'a rien donné et que la base de l'action manque; aussi n'est-ce qu'une *actio utilis,* reposant sur la fiction d'une donation qui aurait été faite.

D'autres auteurs refusent d'admettre ce point de vue. Il n'y a point contrat *do ut des,* donc pas d'action *prescriptis verbis.* Cette action utile n'est que le complément d'une institution que nous rencontrons surtout en matière de legs; je veux parler du *fideicommis.* Le *fideicommis,* qui oblige le légataire à accomplir la charge qui lui est imposée *ex testamento,* peut encore être adjoint à une *donatio mortis causa,* bien plus à une donation révocable jusqu'à la mort du donateur. Or, l'effet du *fidei-*

commis est de donner droit d'agir à ceux qui ont intérêt à son exécution, surtout depuis la constitution d'Antonin le Pieux. C'est par extension de cette disposition qu'on a permis au bénéficiaire du *modus* dans les donations avec charge d'en demander l'exécution.

Enfin, d'autres auteurs remarquant que si la donation à cause de mort admet le *fideicommis*, c'est surtout parce qu'elle est assimilée au legs, que du reste il était beaucoup plus simple de dire que désormais la donation entre-vifs admettait des *fideicommis*, et créer pour ce cas une action directe comme l'avait fait Antonin le Pieux pour la donation à cause de mort, ces auteurs ont pensé qu'il n'était pas besoin de faire preuve d'autant de science pour découvrir la pensée des empereurs Dioclétien et Maximien. Auparavant, si le tiers n'avait pas stipulé la charge, il n'avait aucun droit, à partir de cette constitution par une interprétation plus douce du droit, malgré cette absence de stipulation, on donne une action utile. Cette action n'est donc autre que l'action *ex stipulatu* qualifiée *utilis*, parce qu'elle est donnée en vertu d'une stipulation sous-entendue (1).

Pacte de non petendo. Si on ne peut dans un contrat faire naître en droit romain une action au profit d'un tiers, peut-être pourra-t-on, au moyen d'un pacte, lui

(1) On a voulu prétendre que cette action utile donnée par les empereurs était la *condictio causa data causa non secuta*, condictio qui était censée cédée par le donateur au tiers bénéficiaire de la charge. Je crois devoir repousser cette doctrine. Ce que le tiers obtiendrait alors, ce serait la révocation de la donation et non pas seulement, comme semble l'indiquer les empereurs, l'exécution de la volonté du donateur. Cela serait absurde pour le cas où le *modus* serait de beaucoup inférieur à la donation principale. Le droit de faire révoquer la libéralité doit rester au donateur

procurer sa libération. Les Romains, si difficiles quand il s'agit de donner naissance à une obligation, se montrent beaucoup plus faciles quand il s'agit d'éteindre une action déjà existante. Cependant, en principe, la convention ne cesse pas d'être étrangère au tiers et il ne peut l'invoquer pour en tirer un *exceptio pacti*. Il n'y a rien là qui puisse nous étonner quand le pacte est fait *in personam*. C'est ainsi que le fidéjusseur ne profiterait même pas du pacte fait par le débiteur pour lui-même. (L. 22, D. *De pact.*) Cependant cette solution serait inexacte à partir de l'année 525, Justinien ayant établi le bénéfice de discussion, et cette institution exigeant que le débiteur principal soit poursuivi avant lés débiteurs accessoires.

Quand le pacte a été fait *in rem,* l'exception n'est accordée qu'aux personnes qui pourraient avoir un recours contre celui qui a fait le pacte. Ainsi le pacte fait par un associé *argentarius* ou par un codébiteur solidaire profite à l'autre associé où à l'autre débiteur. (L. 23 et 25, D. *De pactis.*) Mais quand le contractant n'a pas un intérêt pécuniaire à ce que telle personne puisse invoquer le pacte, l'exception ne lui est pas accordée. Ainsi le pacte fait par un fidéjusseur ne profite pas au débiteur principal, sauf quand le fidéjusseur s'est obligé *in rem suam*. De même les cofidéjusseurs ne pourront invoquer le pacte fait par l'un d'eux. (L. 23 et 24, *eod. tit.*)

L'exception *pacti* ne sera pas accordée en règle générale. Mais ne serait-il pas souvent inique de voir un individu qui a fait remise de la dette et cela au profit non pas d'une personne déterminée mais d'une manière absolue, aller trouver le magistrat et demander la condamnation d'une personne qu'il a entendu ne jamais poursuivre. Et puis, si le pacte est fait d'une manière générale, c'est que le créancier avait une raison pour ne pas réclamer le paiement, raison autre qu'une libéralité, qui serait certainement faite au profit de personnes déterminées. L'équité serait lésée, surtout si le pacte a été fait au profit de personnes auxquelles on est uni par les liens du sang ou par les relations d'affaires. Dans le premier cas, Paul rapportant l'opinion de Julien, nous dit : *Si pater pactus sit ne a se, neve a filio petatur, magis est ut pacti exceptio filio familias danda non sit, sed doli prosit.* (L. 21, § 2, *eod. tit.*) Ulpien nous enseigne que l'exception *doli* est donnée souvent dans des cas où l'exception *pacti conventi* fait défaut : *Utputa si procurator meus paciscatur exceptio doli mihi proderit, ut Trebatio videtur.* (L. 10, § 2, *eod. tit.*) Le pacte du mandataire donne l'exception de dol au mandant. De même Paul déclare dans la loi 25, § 2, au même titre que le pacte du fidéjusseur donnera naissance à l'exception de dol au profit du débiteur principal. Et on ajoute qu'il en sera de même pour les cofidéjusseurs. (L. 26, D. *De pactis.*)

DROIT FRANÇAIS

DES STIPULATIONS POUR AUTRUI

DROIT FRANÇAIS

DES STIPULATIONS POUR AUTRUI

CHAPITRE PREMIER.

Base de la stipulation pour autrui.

Si la morale a toujours exigé qu'une convention librement consentie fût exécutée, il n'en a pas toujours été de même en droit civil. Le législateur et le jurisconsulte laissant au moraliste et au philosophe le soin de déterminer ce que la conscience doit faire pour remplir tous les devoirs imposés à l'homme, et n'envisageant que le for extérieur, ont souvent laissé sans protection des conventions nombreuses et morales que l'honnête homme ne peut se refuser à exécuter. A Rome, notamment, on a pensé qu'il ne fallait mettre la force publique au service des citoyens que quand la convention revêtait des formes déterminées destinées à rendre certain et libre le consentement donné au contrat. « Les auteurs de la loi des Douze-Tables craignirent de multiplier les procès et de troubler la tranquillité publique, si l'exécution de toutes les conventions était rigoureusement exigée. Ils eurent encore assez de confiance dans la bonne foi des citoyens pour que chacun restât son juge : ils exceptèrent seulement les contrats qui, plus importants, plus fréquents, plus nécessaires à l'ordre social, ne devaient pas être impunément violés. Ils furent spécifiés dans la loi et on les distingua sous le nom de contrats nommés. » (Bigot-Préameneu, *Exposé des motifs.*) Plus tard, le préteur et les empereurs élargirent le cercle des conventions obligatoires; mais le principe n'en subsista pas moins. De plus il fut toujours admis, du moins en général, que la convention ayant pour but d'obliger une personne envers un tiers serait nulle.

Chez nous le principe a changé : sous quelles influences, je n'ai point à le rechercher. Le consentement est la base qui rend le contrat obligatoire, et tout ce qu'un citoyen se fait promettre dans son propre intérêt, en tant que cela ne serait pas contraire à l'orde public, doit être exécuté de bonne foi. La force sociale vient au secours de l'équité qui souvent se trouverait désarmée devant l'intérêt individuel. Si le principe a changé, on ne peut cependant pas dire que tout ce qui est convenu entre deux hommes soit obligatoire en droit civil. Il est encore à l'heure actuelle des conventions parfaitement morales que le législateur n'a point sanctionnées.

On conçoit parfaitement que, quand un individu, père de famille soigneux et attentif, a fait un acte avantageux pour lui et sa famille, il puisse en poursuivre l'exécution forcée devant les tribunaux. C'est la condition d'existence de toute société. Les hommes ne pouvant vivre isolés, ayant besoin chaque jour l'un de l'autre doivent faire des conventions pour s'assurer tout ce qui est nécessaire à la vie, et chacun est le propre juge de ce qui lui convient. Si ces conventions n'étaient pas garanties par la société, chacun ne devant demander la protection de son droit qu'à lui-même, ce serait toujours le plus fort qui l'emporterait. Ce seraient chaque jour des luttes d'hommes à hommes, luttes incompatibles avec l'existence d'une société. Mais qu'un jour il plaise à un homme de faire un acte qui intéresse une autre personne à laquelle il est étranger, que la loi ne le charge point de protéger, pourra-t-il encore exiger devant les tribunaux l'exécution de la convention? La société est-elle tenue de lui garantir le droit qu'il aura ainsi acquis? Des auteurs l'ont pensé parce que, comme dit Pothier, j'ai un intérêt d'afection à ce que le tiers puisse recueillir le bénéfice de l'acte que j'ai fait. Cependant le législateur romain et le législateur français ont pensé qu'il y avait là un zèle déplacé, qui ne méritait point la protection sociale au même degré que la convention intervenue dans l'intérêt même du contractant. Il y a encore là un de ces cas exceptionnels où chacun reste son propre juge. Aussi quand j'ai stipulé quelque chose de vous pour un tiers, la convention est nulle; vous ne contractez aucune obligation ni envers ce tiers ni envers moi. « Vous n'en contractez aucune envers ce tiers, dit Pothier; car c'est un principe que les conventions ne peuvent avoir d'effet qu'entre les parties contractantes, et qu'elles ne peuvent par conséquent acquérir aucun droit à un tiers qui n'y était pas partie. Vous ne contractez non plus aucune obligation civile envers moi; car ce que j'ai stipulé de vous pour ce tiers étant quelque chose à quoi je n'ai aucun intérêt qui puisse être appréciable à prix d'argent, il ne peut résulter aucuns dommages-intérêts envers moi du manquement de votre promesse. Vous y pouvez donc manquer impunément. Or, rien n'est plus contradictoire avec l'obligation civile que le pouvoir d'y manquer impunément. (Pothier, *Oblig.*, n° 54.) C'est là ce que veut dire, en termes peut-être ambigus, l'article 1119, en disant : On ne peut en général stipuler en son propre nom que pour soi-même. Ainsi le défaut d'action d'une part au profit du tiers pour lequel on stipule, d'autre part au profit du contractant lui-même, tel est le double motif sur lequel repose la nullité de la stipulation pour autrui.

Chez nous encore, comme en droit romain, ce motif indique qu'il peut y avoir une double exception au principe. Lorsque, soit le contractant, soit le tiers auront, en vertu d'une disposition de loi, une action pour forcer le débiteur à remplir son engagement, il est évident que le principe aura disparu et que, dans ces cas, la convention pour autrui sera parfaitement valable, comme le serait une convention ordinaire.

Cela arrivera, d'abord, lorsque je serai le créancier direct et unique. Si je vous vends tel héritage pour la somme de 1,000 francs que vous paierez à Paul, il peut se faire que je stipule les 1,000 francs pour moi-même. Paul, dans le contrat, est simplement chargé de recevoir le prix de vente; c'est ce que les Romains appelaient un *adjectus solutionis gratia.* C'est une facilité accordée au débiteur pour se libérer entre les mains de Paul aussi bien qu'entre les miennes; mais je suis seul créancier, et le tiers ne pourrait disposer de la créance.

Le tiers peut être réellement indiqué comme créancier,

et néanmoins, la convention est valable quand j'ai, par suite de circonstances spéciales, un intérêt pécuniaire à l'exécution de l'obligation. « Par exemple, dit Pothier, si, m'étant obligé envers Jacques de lui reconstruire, dans l'espace d'un certain temps, sa maison qui menace ruine, et ayant d'autres ouvrages à faire, je fais marché avec un maçon pour qu'il reconstruise dans le dit temps la maison de Jacques, je suis censé stipuler plutôt pour moi que pour Jacques, et la convention est valable; car, étant obligé envers Jacques de cette reconstruction et tenu de dommages-intérêts si elle ne se fait pas au temps marqué, j'ai un intérêt personnel à ce qu'elle se fasse. » On peut dire, d'une manière plus générale que, si je suis tenu d'une dation ou d'un fait envers une personne, je puis convenir avec un tiers qu'il exécutera l'obligation dont je suis tenu envers mon créancier. Dans tous ces cas, mon intérêt étant évident, il est certain que le contrat fait au profit d'autrui est valable.

Mon intérêt à la validité de l'acte est souvent immédiat; il peut être aussi indirect. C'est ainsi que je puis stipuler que vous donnerez à mon mandataire une certaine somme dont il a besoin pour exécuter son mandat, ou à mon fermier les instruments qui lui sont nécessaires pour exploiter ma ferme. Sans doute, je ne serai tenu d'aucuns dommages si vous n'exécutez pas votre obligation, et mon mandat sera peut-être exécuté; mais je n'en ai pas moins un intérêt direct et pécuniaire à ce que mon mandataire puisse exécuter facilement mes ordres. Il est donc certain que tous ces actes faits au fond pour moi sont valables, et que la société doit me procurer les moyens de les faire exécuter si la bonne foi du débiteur ne le porte point à se libérer.

Certes, suivant que mon intérêt sera direct ou indirect, suivant que j'aurai voulu me réserver la créance ou permettre au tiers de poursuivre le paiement en justice, les effets de la convention seront plus ou moins importants. Nous aurons à examiner ces différents points en détail quand nous examinerons quels sont les effets de la stipulation pour autrui.

La rédaction même de l'article 1119 nous oblige à limiter encore sa portée à un autre point de vue. Pour qu'il y ait nullité de l'acte, il faut qu'on ait agi en son propre nom. C'est que, dans notre législation, il arrive souvent qu'on agisse au nom d'une autre personne et que les effets de l'acte se réalisent en la personne de celui au nom de qui le contrat a été passé. « Nous pouvons, dit Pothier, prêter notre ministère à une autre personne, afin de contracter pour elle, de stipuler et promettre pour elle; et, en ce cas, ce n'est pas proprement nous qui contractons, mais c'est cette personne qui contracte par notre ministère. Ainsi un tuteur, lorsqu'il contracte en cette qualité, peut stipuler et promettre pour son pupille, car c'est le mineur qui est censé contracter par son tuteur. Il en est de même d'un curateur et de tout autre administrateur légitime; il en est de même d'un procureur, car la procuration que lui a donnée celui au nom duquel il contracte, fait regarder celui qui a donné la procuration comme contractant lui-même par le ministère de ce procureur. (*Oblig.*, n° 74.)

Nous devons ajouter encore que la stipulation pour autrui sera valable lorsque, dans le cours d'une gestion d'affaires, le gérant stipule au nom du maître. En effet, le gérant, à ce point de vue, est assimilé au mandataire et représente le maître. Art. 1375.

Dans toutes ces hypothèses, l'acte est valable, mais il a été fait au nom du tiers intéressé à son exécution. Il est certain néanmoins que si je stipulais en mon propre nom comme tuteur, mandataire, ou gérant d'affaires, le contrat serait valable parce que j'ai intérêt à cette validité. Je pourrais demander des dommages et intérêts en cas d'inexécution. Des auteurs vont plus loin et le valident au même titre que le contract passé au nom du mandant ou du maître. « Qu'on suppose un tuteur, un mandataire, un gérant d'affaires, qui stipulent en leur propre nom pour leur pupille, leur mandant ou le maître de l'affaire, responsables de leur gestion ils ont un intérêt évident à tout ce qui peut mener à bonne fin les affaires de celui pour qui ils stipulent. » (Colmet de Santerre, art. 1121, 33 *bis* 11.) La loi donne au tiers, dans ce cas, le droit de réclamer le profit de la stipulation. Tel est aussi l'avis de M. Demolombe. (T. 24, n° 237.) Je crois que nous pouvons admettre ce système, malgré le dissentiment de M. Laurent. « L'article 1121, dit-il, n'est pas applicable, et l'article 1375 ne parle que des engagements pris au nom du maître, et de l'obligation qui lui incombe d'indemniser le gérant. » C'est là une interprétation rigoureuse. Lorsque je stipule au nom du maître, je suis censé le représenter, et quand je stipulerai en mon nom, je ne le pourrai pas. C'est donner trop de valeur aux termes employés dans une législation où tout contrat doit s'interpréter de bonne foi, et où l'on cherche surtout quelle a été la volonté des parties.

A la vérité, on ne peut pas dire qu'il y ait dans tous

ces cas exception à l'article 1119; car, il n'y a pas stipulation pour autrui. Il y a là deux ordres d'idées différents qu'il importe de ne pas confondre. L'article 1119 s'appliquera toutes les fois que n'étant ni représentant d'un tiers, ni intéressé dans l'acte, j'ai stipulé pour autrui. Dans tous ces cas, l'acte sera complètement nul au moins en règle générale. Cependant il y aura des exceptions à cet article 1119. « On peut stipuler au profit d'un tiers lorsque telle est la condition d'une stipulation qu'on fait pour soi-même, ou d'une donation qu'on fait à un autre. » Mais quelle est la portée exacte de ces deux articles combinés? D'après les uns, l'article 1119 sera une lettre morte, et la stipulation sera toujours valable. D'après d'autres, il faudra en général prononcer la nullité de l'acte, sauf dans des cas exceptionnels limitativement déterminés. Entre ces deux opinions extrêmes, il y a encore place pour un grand nombre de systèmes, donnant chacun un sens plus ou moins large aux expressions de l'article 1121.

D'après un premier système, l'article 1119 est une réminiscence du droit romain, et si Pothier, qui a eu tant d'influence sur le Code civil, se fût un peu en ce point affranchi de la subtilité des lois romaines et eût avec indépendance interprété l'intention des parties, il y aurait vu une véritable obligation civile et probablement l'article 1119 ne serait pas dans le Code. (Bugnet.) Ce que Pothier n'a osé faire, les jurisconsultes modernes l'ont tenté, en supposant que le stipulant voulait faire les affaires de celui pour qui il stipulait, et les faisait réellement. « La théorie de la gestion d'affaires se rattache en effet, particulièrement à la théorie des stipulations pour autrui, et il existe même entre elles une sorte de combat, dans lequel cette dernière a déjà reçu de rudes échecs, et où il se pourrait bien peut-être qu'elle finît par succomber. » (Demol., t. **24**, n° 236.)

Qu'est-ce, en effet, que stipuler pour autrui? C'est faire un contrat au profit d'une personne déterminée et au moyen duquel on veut lui acquérir une action en justice; car le stipulant n'a pas eu la prétention absurde de créer à son profit un droit au moyen de cette stipulation. Par conséquent, si le contractant n'a pas voulu faire ses propres affaires, il a évidemment voulu faire celles du tiers pour lequel il agissait. Or, la gestion d'affaires dans notre Code, comme elle l'était en droit romain, est valable, et les contrats qui en sont une exécution donnent lieu à une action en justice.

Du reste, les précédents historiques exigent cette solution. L'acte fait dans l'intérêt d'un tiers est une véritable gestion d'affaires, d'après Pothier. « Quand même, avant le marché que j'ai fait avec le maçon pour la reconstruction de la maison de Jacques, je n'aurais pas été obligé envers Jacques à lui reconstruire sa maison, et que je n'aurais, par conséquent, aucun intérêt personnel à cette reconstruction; néanmoins, comme par ce marché que j'ai fait, je gère les affaires de Jacques, et que je lui deviens, en conséquence, comptable de cette gestion, dans le temps même de la convention que j'ai avec le maçon pour la construction de la maison, je commence à avoir intérêt à cette reconstruction dont je suis comptable envers Jacques; d'où il suit que la convention est valable. (*Oblig.* n° 59.) Enfin, le droit romain lui-même admettait cette théorie. Lors même que la stipulation pour un tiers ne constituait qu'un acte isolé; elle était valable dès qu'elle était relative à une chose qui faisait partie du patrimoine de ce tiers. C'est ainsi quo si vous déposiez ma chose chez *Primus* ou que vous la lui prêtiez, j'avais l'action résultant du contrat pour me la faire restituer

Il importe de ne pas exagérer la portée de ces précédents historiques. Si une chose m'a d'abord étonné, c'était de voir invoquer le droit romain pour valider une stipulation pour autrui. Examinons le cas qui est prévu par la Loi 8 au Code *ad exhibendum*. Un individu a déposé ou prêté une chose appartenant à un tiers, et en a stipulé la restitution au profit du propriétaire. Ce tiers n'a aucune action, d'après le droit civil, pour se faire restituer sa chose. Il s'adresse aux empereurs Dioclétien et Maximien qui lui accordent une action *utile* par une raison d'équité. Il eût été inique que le propriétaire ne pût réclamer sa chose en vertu d'un contrat dans lequel il avait été indiqué comme propriétaire. Mais le rescrit ne nous dit aucunement que l'action est donnée parce que, en faisant le contrat, il y avait eu gestion d'affaires au profit du propriétaire.

Pothier est plus explicite, mais il n'en repousse pas moins, en principe, la théorie qu'on veut lui prêter. Stipuler pour autrui n'est point pour lui synonyme de gérer les affaires d'un tiers. Pour s'en convaincre il n'y a qu'à lire les lignes qui suivent celles qu'on a invoquées précédemment. « Si je stipule en mon nom qu'on fasse quelque chose pour un tiers, sans qu'avant le temps de la convention j'aie eu, *et sans que j'aie encore au temps de la convention* aucun intérêt personnel à ce que cela se fasse, c'est en ce cas vraiment stipuler pour un autre, et une telle convention n'est pas valable. » (*Oblig.* n° 60.)

Donc, d'après Pothier, le fait seul de la stipulation pour autrui ne constitue point une gestion d'affaires qui me rende comptable envers le tiers pour qui j'ai contracté. « Si par un pur intérêt d'affection pour Jacques, dit-il encore, j'ai convention avec le propriétaire de la maison qui est vis-à-vis les fenêtres de Jacques, qu'il fera blanchir le devant de sa maison pour éclairer les fenêtres de Jacques, cette convention ne donnera aucun droit à Jacques qui n'y était pas partie, ni à moi qui, n'ayant aucun intérêt personnel à l'exécution de cette convention, ne puis prétendre à aucuns dommages et intérêts résultant de l'inexécution. » Il en serait de même si je faisais consentir à Jacques un droit de vue; donc, en stipulant une servitude, je ne puis être considéré comme un gérant d'affaires. Pothier ne valide la stipulation pour autrui que si elle constitue entre le stipulant et le tiers un véritable quasi-contrat de gestion d'affaires. Mais quand en sera-t-il ainsi? Pothier ne le dit pas et la question reste entière.

Laissons donc de côté l'autorité historique qui me serait plutôt favorable, et examinons en elle-même la théorie de nos adversaires. Peut-on dire d'une manière absolue que chaque fois qu'on stipule pour un individu, il se forme entre cet individu et le contractant un quasi-contrat de gestions d'affaires? Cela revient à se demander quelles sont les conditions d'existence de ce quasi-contrat. La gestion d'affaires, peut-on dire d'une manière générale, est le fait d'une personne qui fait volontairement et sans mandat une ou plusieurs affaires qui intéressent autrui. Il s'agit, par exemple, de faire ou recevoir un paiement, de réparer un immeuble, de recueillir les fruits. Mais quelle est la raison du caractère obligatoire de ces actes; pourquoi, d'un côté, obligent-ils celui qui a fait l'acte à rendre compte, et celui dont l'affaire a été utilement gérée à indemniser? Ce sont là, selon moi, deux caractères essentiels de la gestion d'affaires. Ces différents faits engagent la responsabilité du gérant et l'obligent envers le maître, parce qu'il y a eu immixtion dans les affaires, dans le patrimoine d'un tiers. On comprend que tous les actes que vous aurez faits sur un bien à moi appartenant vous obligent à me rendre compte de ce que vous aurez fait ou reçu pour moi. Et cette immixtion n'est permise que parce que vous ferez un acte utile à mon patrimoine, et de là naît la validité des contrats que vous ferez relativement à ce bien dont vous avez pris l'administration. Réciproquement, quand j'aurai fait pour vous un acte utile, que tout bon père de famille aurait fait, vous serez tenu de m'indemniser de mes dépenses, parce que, d'un côté, si vous l'aviez pu, vous m'auriez donné mandat d'agir comme je l'ai fait, et que, d'un autre côté, si vous êtes négligent, l'intérêt public exige que je puisse en toute sécurité faire cet acte utile, et que je ne le ferai que si j'ai une action pour me faire indemniser. Il faut donc que l'acte, pour constituer une gestion d'affaires, concerne un bien dès à présent entré dans le patrimoine. Mais s'il s'agit de faire entrer dans le patrimoine un bien qui n'y est pas encore, et cela sans qu'il soit aucunement besoin de toucher à un bien appartenant dès lors au tiers pour qui on agit, il ne peut y avoir de gestion d'affaires proprement dite. C'était bien là l'idée de M. Demolombe lui-même, quand il écrivait qu'un mandataire chargé de remettre à un tiers certains objets dans le but d'opérer une donation manuelle, ne pouvait être considéré comme le gérant d'affaires du donataire, « parce que cette idée répugne à la nature du quasi-contrat de gestion d'affaires, qui suppose une immixtion du gérant dans le patrimoine d'un autre, auquel est déjà acquis le bien que le tiers va gérer; or, l'acceptation dont il s'agit n'a pas ce caractère, et elle n'est en réalité qu'une stipulation pour autrui défendue par l'article 1119. » (Demol., T. 20, n° 65).

D'un autre côté, si la stipulation pour autrui est une véritable gestion d'affaires, il faudra reconnaître au contractant qui aurait fait un acte à titre onéreux au profit d'un tiers et aurait contracté dans son intérêt une obligation personnelle, pourra forcer le tiers à accepter le contrat et à l'indemniser de ce qu'il aura déboursé à la seule condition de prouver que l'acte est utile, que l'affaire a été bien administrée. Donc, si j'achète pour Paul un immeuble d'une valeur de 100,000 francs, moyennant le prix de 60,000 francs je pourrai le forcer à me payer ce que j'aurai déboursé, même au cas où l'immeuble serait venu à périr dans l'intervalle par cas fortuit. Je dirai la même chose d'une assurance contractée au profit d'un tiers dans des conditions avantageuses. C'est ce que décidait la Cour de Paris en disant qu'il y avait un quasi-contrat de *negotiorum gestio,* qui, au terme de l'article 1375, aurait donné à la compagnie une action contre le propriétaire. (Paris, 12 août 1841. Sirey, 41, 2, 591.)

C'est là cependant un résultat que les auteurs que je combats refusent d'admettre. « C'est que, en effet, dit M. Demolombe, pour qu'un acte fait par une personne dans l'intérêt d'un tiers puisse être valable, il n'est pas indispensable qu'il soit par lui-même, nécessairement obligatoire de la part de celui dans l'intérêt duquel il a été fait, et lors même que le tiers pourrait refuser sa ratification : l'acte n'en devra pas moins être maintenu si au lieu de la refuser il l'accorde. » (T. 24, n° 240.) La preuve de ce principe général, dit-on, se trouve dans l'article 1998, ainsi conçu : « Le mandant est tenu d'exécuter les engagements contractés par le mandataire, conformément au pouvoir qui lui a été donné. — Il n'est tenu de ce qui a été fait au delà qu'autant qu'il l'a ratifié expressément ou tacitement. » Quand le mandataire a fait un acte dépassant les limites de son mandat, le mandant n'est pas tenu de le ratifier. Est-ce à dire que si néanmoins il le ratifie, le contrat ne sera pas valable? Certainement non; la ratification dans ce sens équivaut à un mandat donné à l'origine. *Ratihabitio mandato æquiparatur*. (L. 24, D. *De neg. gest.*) Cependant lorsque mandataire j'ai dépassé les pouvoirs qui m'étaient donnés, en quelle qualité ai-je pu agir? Casaregis répond : « Si habens mandatum illud excedit vel contra facit, de mandario statim negotiorum gestor efficitur. » (Dist. 179, n° 174.) Voilà donc un gérant d'affaires qui ne pourra pas forcer le maître, le mandant, à ratifier ce qui a été fait; et cependant si celui-ci ratifie, l'acte sera parfaitement valable. C'est qu'alors, ajoute-t-on, l'utilité de la gestion ne se soulevant pas entre le gérant et le maître, il n'est pas permis à un autre de la soulever. Ainsi, voulant établir une usine, je vous charge d'acheter tel terrain et vous achetez un autre terrain également convenable, et je ratifie l'acte. La vente est parfaitement valable, et je suis censé devenu propriétaire du terrain dès le moment du contrat. Quelle conclusion tirer de ce raisonnement? C'est que la stipulation pour autrui est toujours valable comme gestion d'affaires, au moins lorsqu'elle est faite au nom d'autrui.

De là à la valider dans tous les cas, il n'y a qu'un pas

facilement franchi par nos adversaires. Lorsque j'ai stipulé pour autrui en mon propre nom, qu'ai-je voulu faire? Acquérir la créance à autrui et non à moi, ce qui serait impossible. J'ai donc fait nécessairement une stipulation au nom d'autrui. La raison et la loi nous forcent à admettre cette solution; car quand une clause est susceptible de deux interprétations différentes, il faut plutôt la prendre dans le sens où elle peut produire un effet que dans celui où elle n'en aurait aucun.

Il me semble qu'il y a dans ce raisonnement plusieurs vices qu'il importe de signaler et qui en détruisent toute la valeur. S'il est vrai de dire avec Casaregis que le mandataire qui a dépassé ses pouvoirs devient un gérant d'affaires, il faut bien reconnaître que c'est un gérant d'une nature toute particulière. Ce n'est pas, comme dans le cas de stipulation pour autrui, un individu qui agit de son propre mouvement, sans que celui dont il va prendre en main les intérêts lui ait donné des instructions, l'ait chargé de faire une chose pour lui. Sans doute ces instructions n'ont pas été suivies, ou bien le prix a été dépassé, ou bien chargé d'acheter l'une des deux choses qui convenaient au but que je poursuis, vous avez acheté l'autre. C'est probablement parce que vous n'avez pu exécuter mes ordres à la lettre, et si j'avais été présent lors du marché, j'aurais comme vous augmenté le prix ou acheté la seule chose qui restait. Vous êtes encore quand vous agissez ainsi mon mandataire, et c'est toujours cette qualité que la loi a en vue quand elle décide que, si le mandant ratifie, il est tenu de tout ce qui a été fait par le mandataire, et réciproquement il peut invoquer toutes les conventions passées par lui.

Voilà tout ce que signifie l'article 1998, § 2. Vouloir

en conclure que toute convention, même faite au nom du mandant, mais qui n'aurait aucun rapport avec celle dont le mandataire était chargé est valable serait abusif. Si, chargé d'acheter pour moi tel domaine, vous faites à mon profit une assurance sur la vie, il est évident que, si la compagnie a retiré son consentement, je ne pourrai, par ma ratification postérieure, la forcer à tenir ses engagements, à moins que, par une autre raison que celle tirée de l'article 1998, l'assurance ne soit valable.

Enfin, je crois devoir repousser le raisonnement par un autre motif. Je pense, malgré l'opinion de Casaregis, qu'il ne s'agit point dans l'article 1998 d'un gérant même d'une espèce particulière; il n'y a à aucun titre gestion d'affaires. Le gérant est celui qui, de son propre chef, sans mandat ni instructions, fait un acte dans l'intérêt d'autrui. Dans notre hypothèse, il s'agit d'un individu qui avait un mandat, qui fait l'affaire en exécution d'un contrat. Aussi il n'aura pas les droits d'un gérant, entre autres celui de forcer le maître à accepter si l'acte est utile. Donc, puisque dans l'article 1998, on ne parle pas d'un gérant d'affaires, il est inexact de tirer de ce texte le principe que la gestion d'affaires suivie de ratification équivaut à mandat et que chaque fois que l'acte aura été fait au nom du tiers, le contrat sera valable et ce dernier pourra invoquer le droit qui en découle.

Il résulte des développements que nous venons de donner que nous ne validerons pas plus l'acte quand il aura été fait au nom du tiers que quand il aura été passé au nom du contractant, une telle distinction se comprenant dans un droit formaliste, mais étant en contradiction avec ce principe que les conventions doivent s'interpréter de bonne foi.

Enfin, nous terminerons en faisant remarquer qu'avec la théorie de nos adversaires, la stipulation pour autrui est toujours valable et que la seconde disposition de l'article 1119 devient une lettre morte. Il se peut que cet article soit peu en rapport avec nos idées modernes, et que Pothier ait eu sur ce point tort de suivre la tradition romaine. Je ne nierai pas que les rédacteurs du Code aient agi aveuglément en introduisant ce principe tel qu'il existe dans notre Code. Mais ce principe existe, il a été écrit de nouveau dans l'article 1119, loin d'avoir été abrogé. Il n'est point permis à l'interprète de l'effacer, de l'annuler au moyen de la théorie de la gestion d'affaires. « Il y a là, dit M. Laurent, deux principes en présence et en conflit, l'un nous défend de stipuler pour un tiers en notre nom, l'autre permet de gérer les affaires d'un tiers, et en les gérant de stipuler en son nom. Il faut concilier ces deux principes en faisant à chacun sa part, il n'est pas permis d'absorber l'un au profit de l'autre. » (Droit civil, T. 16, p. 635.) Il est d'autant moins permis de confondre ces deux théories que dans l'article 1121 le législateur a réglé lui-même les effets de la stipulation pour autrui dans les cas où elle est permise, et que ces effets sont opposés à ceux que produit la gestion d'affaires. Ainsi le stipulant peut révoquer son offre tant qu'elle n'a pas été acceptée par le bénéficiaire. Or, quand un gérant a fait un acte au profit d'un tiers, ce tiers peut toujours ratifier, même malgré la volonté du gérant, et invoquer tous les effets du contrat.

Il faut bien se garder d'une confusion. Il arrivera souvent que quand j'aurai fait une convention au profit d'un tiers et que celui-ci aura ratifié, l'acte soit valable. Cela arrivera quand j'aurai fait promettre par Pierre qu'il vendra sa maison à Paul pour une somme de 10,000 francs si ce dernier ratifie ce que j'aurai fait en son nom. Plus tard, avant que Pierre ait retiré son offre, Paul ratifie, c'est-à-dire consent à acheter la maison pour le prix convenu; la vente s'opère. Est-ce à dire que c'est par une stipulation suivie de ratification que Paul est devenu propriétaire? Non; la convention s'est formée directement entre le vendeur et l'acheteur au moment même où le concours des volontés a existé. J'ai été un intermédiaire purement matériel et une lettre de Pierre à Paul eût rempli le même office. Les effets de ces deux manières d'agir seront bien différents. Je suppose qu'il y ait réellement gestion d'affaires, le vendeur ne pourra avant la ratification retirer son consentement à la vente; bien plus, ma volonté unie à celle de Pierre ne pourrait priver Paul du bénéfice du contrat. Il en sera autrement s'il y a vente entre Pierre et Paul au moment seulement où ce dernier donne son consentement. Si depuis le moment de la gestion d'affaires jusqu'à la ratification, le promettant devient incapable, ou meurt, cela importe peu; au contraire, s'il n'y a point eu gestion d'affaires, la pollicitation disparaît et le contrat ne peut plus se former. (Comp. Caen, 12 juillet 1844, Sirey, 45, 2, 291.)

Dans une opinion tout à fait opposée à celle que je viens d'exposer et de combattre, la stipulation pour autrui ne sera valable que dans quelques cas limitativement déterminés. L'article 1121 qui apporte une dérogation à l'article 1119 devrait être interprété restrictivement. Deux exceptions seulement sont permises par l'article 1121 : c'est quand la stipulation pour autrui est la condition d'une stipulation qu'on fait pour soi-même ou d'une donation qu'on fait à un autre. A ce texte il faut ajouter le cas d'une rente viagère constituée avec ses propres deniers au profit d'un tiers, et on aura dans une certaine opinion tous les cas dans lesquels la stipulation pour autrui est permise et produit un effet soit vis-à-vis du stipulant, soit vis-à-vis du tiers bénéficiaire.

Le premier cas est celui d'une stipulation pour autrui, condition d'une stipulation qu'on fait pour soi-même. C'est qu'alors on stipule un acte pour soi-même, acte conditionnel, mais nullement prohibé. La condition de la naissance de notre droit, c'est le fait de ne pas accomplir au profit d'autrui la prestation promise pour lui. Ce que la loi française prévoit dans ce texte, c'est ce que la loi romaine autorisait sous le nom de clause pénale. Si vous ne donnez pas telle chose à Titius me promettez-vous mille francs? Dans le cas d'inexécution de votre première promesse, je pourrai vous réclamer ces mille francs. En un mot, je me suis créé par là un intérêt à l'exécution (il vaudrait mieux dire à la non-exécution) du contrat que je forme dans l'intérêt d'autrui.

S'appuyant sur le même principe d'autres jurisconsultes ont cependant voulu donner à notre exception une application plus large. Quand, en faisant un contrat pour moi, dans lequel je deviens moi-même créancier, je fais une stipulation pour autrui, elle est valable. Ainsi je vous vends ma maison à la condition que vous me paierez 20,000 francs, et que vous ferez à Paul une rente viagère de 1,000 francs. La rente serait valable parce qu'elle aurait son origine dans un acte où je deviens moi-même créancier. Si je vous avais vendu le même immeuble à la charge de payer à Paul une rente viagère de 3,000 francs, cet acte serait nul. Il serait inefficace parce que je n'aurais fait qu'une stipulation pour autrui sans stipuler en même temps pour moi. Il faut, selon moi, repousser un pareil système qui prétend s'appuyer sur l'article 1121, interprété à la lettre. Il serait bizarre, en effet, que la stipulation pour autrui soit ou non valable, suivant que j'aurai stipulé plus ou moins pour moi. Ou bien la créance au profit de Paul sera considérée comme représentant le prix de vente, et il devra en être de même que cette créance représente le prix tout entier ou une partie; ou bien elle ne présente pas ce caractère et on ne voit pas dans l'un plus que dans l'autre cas le fondement de sa validité. C'est, dit-on, une créance née d'un contrat qui m'a rendu moi-même créancier. Peu importe; cette créance est bien à la vérité l'accessoire de mon propre droit; mais elle n'en est pas la condition, comme l'exige l'article 1121. Pour qu'elle en fût la condition, il faudrait que mon droit fût subordonné au paiement ou au non-paiement fait au tiers bénéficiaire. Or, dans notre espèce il n'en est rien. Que le tiers soit ou non payé j'aurai toujours au moins droit à la somme stipulée à mon profit. Sans doute, si Paul ne reçoit pas les arrérages de la rente viagère, je pourrai ne pas me contenter de recevoir le prix. Mais cela arrivera que j'aie stipulé un prix pour moi et une rente viagère pour Paul, ou que j'aie seulement constitué une rente viagère pour un tiers. Donc on ne peut en aucune manière dire que la stipulation pour Paul est la condition de la stipulation que je fais pour moi, si nous devons donner au mot stipulation le sens précis qu'il avait en droit romain.

Nous devons faire la même remarque pour le cas où le droit du tiers serait subordonné au non-paiement du même droit à moi-même suivant certaines conditions. Ainsi, je vous donne telle somme à la condition que vous me donnerez telle chose à telle époque, si je vis encore, ou que vous la donnerez à Paul si je suis mort. Ici, c'est le droit de Paul qui est subordonné à mon propre droit; c'est la prestation en ma faveur qui est la condition de celle au profit de Paul. C'est ainsi que nous repousserons la théorie de certains arrêts qui avaient voulu donner pour base à l'assurance sur la vie le fait que l'assuré, le plus souvent, stipule pour lui le capital pour le cas où il vivrait à une certaine époque, et prend toujours part aux bénéfices réalisés par la compagnie d'assurances. Je ne veux point dire que ces différentes conventions ne sont point valables d'après la loi française. Nous verrons, au contraire, plus loin, quel est le fondement de leur validité. Je veux seulement montrer que le système que je combats ne suffit point pour les expliquer.

Lorsque le contractant se donne un tiers pour conjoint, quelle sera la valeur de la convention. Il est évident, d'après ce qui précède, que le tiers n'a aucun droit en vertu de la stipulation. En droit romain, les Proculiens interprétaient restrictivement la clause et ne lui donnaient effet que pour moitié; d'après les Sabiniens, je devenais créancier pour le tout. En droit français, il faut repousser ces solutions absolues. Il faut voir si le stipulant a entendu partager la stipulation avec ses conjoints et à leur défaut se contenter d'une quote-part. Cette interprétation pourra être admise si la chose stipulée est commodément divisible. Lorsque la chose est indivisible ou n'est divisible qu'avec difficulté, nous croyons qu'il est plus conforme à la commune intention des parties de maintenir le contrat pour le tout au profit du stipulant. Ce que fait l'indivisibilité de la chose, la solidarité du contrat peut le faire. La stipulation m'appartiendrait tout entière, sans aucun concours, si je m'étais joint un tiers par une co-stipulation solidaire.

Le second cas est celui d'une donation que je fais à un autre, à la charge par lui de donner mille francs à Paul. Ce n'est que l'application de l'article 953 qui décide que la donation entre-vifs pourra être révoquée pour cause d'inexécution des conditions sous lesquelles elle aura été faite. Du reste, c'est là une imitation du droit romain, Dioclétien et Maximien, permettant déjà au tiers bénéficiaire de la charge d'en réclamer l'exécution à son profit au moyen d'une action utile.

Quant à la rente viagère, il est assez difficile de découvrir la raison d'être de l'article 1973. Pourquoi permettre de stipuler une rente viagère au profit d'un tiers à la condition d'en fournir le prix, lorsqu'il serait interdit de lui acheter un immeuble sous la même condition d'en payer la valeur! Si j'admettais ce second système, je serais fortement tenté, malgré l'opinion commune, de dire que l'article 1973 est une application de l'article 1121, et que, par conséquent, la constitution de rente viagère ne serait valable qu'autant qu'elle serait, comme tout autre acte, la condition d'une stipulation personnelle ou d'une donation. L'article 1973 aurait seulement pour but de dispenser des formes de la donation cette donation accessoire, et de la soumettre seulement aux règles de formes du contrat principal. Quoi qu'il en soit, dans cette opinion, nul ne peut faire un acte au profit d'un tiers, sauf dans une stipulation pour soi-même, ou dans une donation entre-vifs comme charge de cette donation.

Cette interprétation rigoureuse des termes mêmes des articles 1119 et 1121 doit être repoussée. Stipuler, dit-on, c'est devenir créancier, se faire consentir un droit; or, l'article 1121 nous enseigne que c'est dans ce cas seulement que la stipulation pour autrui est permise. C'est là partir d'une base inexacte; stipuler en droit français n'a pas, comme en droit romain, un sens restreint et rigoureux. Si stipuler veut souvent dire devenir créancier, il signifie aussi souvent faire un contrat. C'est ainsi que dans l'article 1122 on est censé avoir stipulé pour soi et ses héritiers ou ayants-cause. Dans ce texte, le législateur n'a aucunement eu l'intention de dire que si nous contractons une obligation, nos héritiers n'en seront point tenus. Stipuler, dans cet article, est pris dans le sens passif aussi bien que dans le sens actif. De même, dans l'article précédent on peut traduire stipuler par contracter, on peut contracter, au profit d'autrui, quand telle est la condition d'un contrat que nous faisons pour nous-mêmes ou d'une donation que nous faisons à un autre. Cela est d'autant plus plausible, que le mot stipulation, dans cet article, est employé par opposition non pas à promesse, mais à donation. Nous repousserons donc la seconde théorie aussi bien que la première. L'une annule le principe, l'autre ne fait pas une assez large part aux exceptions que le législateur a introduites. Examinons de plus près la pensée de la loi et pour cela analysons avec soin les hypothèses qui sont résolues par le législateur.

Si nous prenons d'abord le cas de donation avec charges, nous voyons que la stipulation pour autrui est la condition de la donation principale. Le donateur a poursuivi un double but. Il a sans doute voulu gratifier le donataire principal, mais il a mis à sa libéralité une condition, c'est que ce donataire s'imposerait à lui-même un sacrifice en faveur d'une autre personne désignée dans le contrat. Si donc cette charge n'est pas remplie, la condition mise à la donation principale fait défaut, et il est de toute justice que le donateur puisse en demander la rescision, et cela qu'il ait intérêt ou non à l'exécution de la charge. En effet, on peut mettre dans les contrats une condition qui ne nous procure aucun avantage pécuniaire. Si donc le donataire ne s'exécute pas, le donateur ne sera pas désarmé, et pourra comme il le pouvait en droit romain, demander la rescision du contrat. Or, le principe de la nullité de la stipulation pour autrui, repose sur le défaut d'intérêt de la part du stipulant, et voici que ce stipulant a lui-même un intérêt à agir quand la promesse qui lui a été faite n'est pas accomplie. Par conséquent le principe lui-même doit disparaître.

« Cette explication, ajoute M. Demolombe, prouve assez que notre article 1121 n'est qu'énonciatif lorsqu'il ne cite que le cas d'une donation. Il est évident, en effet, qu'il faut appliquer la même doctrine à toute espèce d'aliénation, non-seulement à titre gratuit, mais encore à titre onéreux, qui aurait été faite sous la condition que l'acquéreur accomplirait une certaine prestation au profit d'un tiers. » (T. 24, n° 247.) Dans la vente que je fais de ma maison à Jacques, je lui impose l'obligation de payer 10,000 francs à Paul, cette somme fait partie du prix, et si Jacques ne la paie pas à Paul, je pourrai demander la résolution du contrat en vertu de l'article 1654. « J'ai donc action pour contraindre Paul (indirectement) à l'exécution de la stipulation que j'ai faite au profit d'un tiers. Et si j'ai une action, la stipulation est valable. » (Demol., T. 24, n° 247.)

Nous pouvons ajouter qu'il en sera ainsi chaque fois que dans un contrat synallagmatique dans lequel je stipule pour autrui, je ferai une prestation quelconque; car je pourrai toujours demander à être remboursé de ce que j'aurai dépensé en vue d'obtenir l'exécution de la promesse.

Ce fondement de la validité de la stipulation pour autrui, bien qu'il me paraisse exact, ne me semble cependant point suffisant. En droit romain aussi, celui qui avait fait une donation ou accompli dans un contrat synallagmatique une prestation en vue de procurer à un tiers un avantage déterminé, pouvait demander la résolution du contrat, répéter ce qu'il avait donné par une *condictio causa data causa non secuta.* Et cependant à l'origine pour la donation avec charge, et toujours pour les autres contrats, on a pu dire que la stipulation pour autrui n'était pas valable, on ne pouvait en demander l'exécution devant les tribunaux. Aujourd'hui encore, ne pourrait-on point faire le même raisonnement? Cette base de l'article 1121 est suffisante, si l'on veut dire simplement que le promettant ne pourra plus manquer impunément à sa parole. Si l'on veut dire que la stipulation pour autrui sera valable, que les tribunaux en ordonneront l'exécution, il nous faut chercher un autre motif.

Je crois qu'on peut à ce premier argument en ajouter un second qui va le compléter. Quand je fais une donation à une personne à la charge par elle de gratifier un tiers, je m'impose un sacrifice en vue d'atteindre un but déterminé favorable à autrui. Il en est de même quand je stipule au profit de ce tiers une rente viagère et que j'en fournis le prix. Il n'y a plus dans ces deux cas ce zèle déplacé, facile puisqu'il ne coûte rien, que je signalais au commencement et que le législateur a refusé de sanctionner dans l'article 1119. Aussi, dans ces circonstances, on conçoit que le législateur, se relâchant de sa sévérité en faveur d'un acte louable et vraiment généreux, ait validé cette stipulation pour autrui. Le promettant est tenu d'une véritable obligation, mais cette obligation cette fois a une cause sérieuse, la prestation que je me suis imposée.

D'après cette idée, l'article 1973 que nous ne savions comment expliquer plus haut, n'est plus que l'application du droit commun. En réalité, on comprendrait difficilement qu'il en fût autrement. Quand j'ai vendu ma maison à Pierre à la condition qu'il paierait une rente viagère de 1,000 francs à Paul, la stipulation est valable. Pourquoi ne le serait-elle pas, si j'avais stipulé au profit de Paul une servitude de vue, un usufruit ou un droit quelconque. Mais, a-t-on dit, si l'article 1973 n'était qu'une application de l'article 1121, le législateur n'aurait pas eu besoin de l'écrire dans le Code. A cela je répondrai qu'il arrive souvent qu'après avoir posé un principe, le législateur en fasse une application particulière dans une matière spéciale. Du reste, l'article 1121 étant extrêmement concis, il n'est pas étonnant que le législateur ait éprouvé le besoin de le développer dans l'article 1973, en disposant que cette stipulation, bien qu'elle ait les caractères d'une libéralité, n'est pas soumise aux formes requises pour les donations.

Donc, toutes les fois que nous rencontrerons dans un contrat les mêmes éléments juridiques que dans l'article 1973, nous le déclarerons valable. Chaque fois que nous verrons un homme s'imposer une charge quelconque, aliénation ou obligation, vis-à-vis d'un autre homme à la condition que ce dernier accomplira une prestation en faveur d'un tiers, il y aura un contrat dont on pourra poursuivre l'exécution de toutes les clauses devant les tribunaux.

Ce principe nettement établi va nous servir à résoudre plusieurs questions controversées. Nous avons déjà vu qu'en cas de vente l'acheteur sera tenu d'accomplir la charge à lui imposée en faveur d'un tiers. Il en sera de même lorsque, au lieu d'aliéner notre chose nous en livrerons simplement la jouissance; ainsi, je vous prête mes instruments agricoles à la condition que vous labourerez le champ de Paul. La même solution sera donnée lorsque, au lieu de me dépouiller de la propriété ou de l'usage d'une chose qui m'appartient, je contracte une obligation. Et peu importe que l'obligation que je contracte soit principale ou accessoire. Aussi, toutes les fois que dans un contrat synallagmatique je me porterai fort pour un tiers qu'il ratifiera le contrat, ce tiers pourra, après la ratification, demander l'exécution du contrat, de même qu'elle pourra être réclamée contre lui. Cela est, du reste, conforme à la raison, et on ne comprendrait que difficilement comment une convention synallagmatique soit scindée. Si j'ai pu lier le tiers envers vous, j'ai dû pouvoir vous lier envers lui. Aussi je pense que c'est par inadvertance que Duranton a donné une solution différente (Comp. Duranton, T. X, n° 237).

On me reprochera peut-être, à mon tour, de rendre presque illusoire la disposition de l'article 1119. Cela peut être, mais je ne le fais point en substituant une théorie à une autre, je fais à chacune sa part d'application. Seulement, lorsque dans la loi je rencontre une exception certaine, je dois l'appliquer à tous les cas qui rentrent dans le principe d'où elle est tirée. Du reste, il s'en faut de beaucoup que ma théorie annule complètement, comme le faisait celle de M. Demolombe, l'article 1119. Pour le montrer, je ne veux citer que deux hypothèses, dans lesquelles il valide le contrat lorsque je le tiens pour inutile.

On s'est demandé d'abord si une personne pouvait faire au profit d'un tiers un pacte de remise. Oui, dit l'éminent doyen de la Faculté de Caen, car il y a là une gestion d'affaires parfaitement valable. Non, répondrai-je, parce qu'il y a là une stipulation pour autrui qui n'est la condition d'aucun engagement de ma part.

Le même auteur se pose encore la question de savoir si une donation peut être acceptée par une personne qui se porte gérant d'affaires. Non, avait-il dit d'abord, parce qu'il n'y a point gestion. Depuis, l'éminent professeur aurait dû donner une solution plus en harmonie avec sa théorie de l'article 1119. Il est vrai qu'il s'y refuse encore à cause des principes rigoureux qui régissent les donations. Mais ne dit-il pas, après M. Labbé, qu'en matière de gestion d'affaires un gérant peut faire spontanément, sous la condition de la ratification, tout ce qui peut être fait par un mandataire. Or, un mandataire peut certainement accepter une donation faite au mandant. Et puis si nous laissons de côté le cas de donation, il est certain dans la théorie adverse que je puis stipuler d'un tiers, qu'il fera pour Paul telle œuvre d'art, stipulation impossible dans la théorie que j'ai exposée.

En résumé, quand je stipule pour autrui sans le faire dans une clause accessoire d'un contrat où je joue le rôle de partie intéressée, la stipulation sera nulle.

M. Demolombe a encore cherché (T. 24, n° 242) à rattacher à sa théorie de la stipulation pour autrui et de la gestion d'affaires la déclaration de command ou élection d'ami. Dans toute vente judiciaire ou volontaire, celui qui se rend acquéreur peut déclarer qu'il achète non pour lui, mais pour un tiers qu'il se réserve de nommer ultérieurement; cette déclaration de command doit être faite dans un certain délai (24 heures, d'après la loi du 28 avril 1816, art. 44, 3°). Si la déclaration n'est pas faite dans le délai, l'acquéreur apparent demeure acquéreur définitif et doit le prix de vente. Si plus tard il transmet la chose à une autre personne, un nouveau droit de mutation est dû. Si, au contraire, la mutation est faite dans le délai légal et dans les formes déterminées par la loi, le command est de plein droit subrogé à l'acquéreur qui a fait la déclaration. (Loi du 13 septembre 1791.)

La déclaration de command fut introduite dans l'ancien droit, nous dit le président Favre, parce que *solent honestiores non pati nomina sua instrumentis inscribi.* Mais il est certain qu'elle eut bientôt pour but et pour effet, comme elle l'a encore aujourd'hui, de faire échec aux lois fiscales. Aussi, ne pouvait-on admettre généralement le système du président Favre, d'après lequel l'acquéreur en nom demeurait personnellement tenu au paiement du prix malgré la déclaration de command.

Dumoulin et d'Argentré, pour éviter un double droit de mutation, rattachèrent l'institution à une fiction de mandat. L'acquéreur était censé avoir reçu du command le mandat de faire l'acquisition. Cette théorie, dit-on, avait l'inconvénient de rendre impossible la déclaration de command dans les cas où celui qu'on veut se substituer, parfaitement capable au moment de la déclaration était incapable au moment de la vente. Aussi cette théorie avait été repoussée, et puisqu'il n'y avait aucun mandat, il ne pouvait y avoir qu'une gestion d'affaires qui permît au command d'être considéré comme acquéreur direct.

Remarquons qu'aujourd'hui il est facile de donner à notre clause la base que lui donnaient déjà Dumoulin et d'Argentré. Le délai est trop court pour qu'on puisse spéculer et revendre si on n'est pas chargé avant l'acte d'agir pour un autre. D'autre part, il ne faut pas oublier que la gestion d'affaires ne pourrait pas, plus que le mandat, expliquer comment on peut déclarer pour command un individu capable au jour de la déclaration, mais incapable au jour du contrat. Dans la gestion d'affaires, je ne puis agir au nom d'un tiers si ce tiers ne pouvait agir directement par lui-même. La théorie de M. Demolombe ne peut donc être admise. Pour nous, la déclaration de command reste dans notre droit une anomalie, une exception aux règles de la stipulation pour autrui.

Nous possédons maintenant les éléments nécessaires pour résoudre une question qui a été longtemps controversée et qui l'est encore à l'heure actuelle, bien que débarrassée de l'une de ses difficultés; je veux parler de l'assurance sur la vie. A l'origine, deux questions se présentent : 1° Le contrat d'assurance sur la vie est-il permis même au profit de celui qui s'assure, ou bien plutôt n'est-il pas défendu par une disposition d'ordre public? 2° Si l'assurance sur la vie est permise d'une manière générale, l'est-elle quand elle est contractée au profit d'un tiers? La seconde question seule rentre dans notre sujet, aussi est-ce la seule que je me propose d'examiner en détail, d'abord parce que c'est peut-être le cas le plus fréquent de la stipulation pour autrui, ensuite parce qu'elle paraît donner naissance à des difficultés particulières, surtout à cause des clauses que la pratique y insère souvent.

L'assurance sur la vie est un contrat par lequel nous nous engageons à payer une certaine somme ou des primes périodiques pendant notre vie ou jusqu'à une certaine époque, à la condition que l'assureur paiera lui-même au bout d'un temps déterminé, ou à notre mort, une somme ou une rente viagère à nous-mêmes, ou à nos héritiers, ou à une personne individuellement déterminée dans le contrat.

Le contrat d'assurance sur la vie est-il permis en droit français? « Il est des contrées, disait Portalis dans l'Exposé des motifs, où l'on autorise des assurances sur la vie des hommes; mais en France de pareilles conventions ont toujours été prohibées. Nous en avons la preuve dans l'Ordonnance de marine de 1681, qui n'a fait que renouveler les défenses antérieures. L'homme est hors de prix, sa vie ne saurait être un objet de commerce, sa mort ne peut être l'objet d'une opération mercantile. » Et le rapporteur du Code de commerce renouvelait cette défense à propos de l'article 334, qui ne permet d'assurer que toutes choses estimables à prix d'argent. Pour prohiber l'assurance sur la vie, on s'appuyait encore sur ce qu'elle constituait un véritable pari sur la vie humaine.

A ces deux raisons on pouvait répondre d'abord que Portalis, bien que chargé d'exposer au Corps législatif la loi, avec les motifs qui avaient déterminé les conseillers d'État, n'était point législateur et ne pouvait édicter une prohibition qui ne serait point renfermée dans les principes généraux du droit. Quant à l'article 334 du Code de commerce, il ne permet de comprendre dans une assurance maritime que les choses estimables à prix d'argent. Est-ce à dire qu'il défende l'assurance sur la vie? Ce serait une déduction non comprise dans les prémisses. L'assurance maritime a des règles restrictives qu'il n'est point permis d'étendre à d'autres contrats. Quant à ceux qui ne voulaient point admettre l'assurance sur la vie parce qu'ils y voyaient un véritable pari, on pouvait répondre que leur objection était vraie à une époque où l'on y rencontrait la clause suivante : *Si talis dominus moriatur in hoc anno promittis mihi decem, si non moriatur ego promitto tibi centum.* Le reproche ne signifie rien quand il s'adresse à une assurance sérieuse.

Quoi qu'il en soit de ce point historique, il est certain que le conseil d'État, en 1818, à une époque où il avait le pouvoir d'interpréter la loi, répondait au gouvernement qui lui demandait s'il y avait lieu d'autoriser les sociétés anonymes à s'engager à payer une somme déterminée au décès d'un individu : « Cet engagement peut être autorisé, mais il ne doit pas être permis d'assurer sur la tête d'un tiers sans son consentement. » Sur cette réponse affirmative, la Compagnie d'Assurances générales fut autorisée à ajouter à ses opérations l'assurance sur la vie. Bientôt d'autres compagnies obtinrent la même autorisation. Ce contrat ainsi introduit par la pratique avec la sanction du gouvernement, fut bientôt autorisé par la loi d'une manière définitive. La loi du 4 juin 1850 soumit à l'impôt du timbre les polices d'assurances sur la vie; celle du 24 juillet 1867 sur les sociétés, dit que les sociétés d'assurances sur la vie restent soumises à la surveillance du gouvernement. Bien plus, la loi du 11 juillet 1868 crée, sous la garantie de l'État, une caisse d'assurance ayant pour objet de payer au décès de chaque assuré à ses héritiers ou ayants-droit une somme déterminée. Enfin la loi du 23 juin 1875 soumet au droit de mutation par décès les sommes, rentes ou émoluments quelconques dus par l'assureur à raison du décès de l'assuré. La réponse à notre première question est péremptoire, l'assurance sur la vie est incontestablement permise en droit français.

En est-il de même de l'assurance au profit d'un tiers? La réponse à cette dernière question est plus délicate, et nombre d'auteurs soutiennent qu'un pareil contrat est défendu. Pour donner une réponse satisfaisante, il importe d'envisager ce contrat à plusieurs points de vue. Il constitue, dit-on, une véritable assurance, et c'est par conséquent un contrat d'indemnité. L'assureur s'engage à rendre *indemne* celui qui souffrirait un préjudice matériel par suite de la mort prématurée de l'assuré. Si telle est la nature de ce contrat, on voit de suite qu'il ne peut être formé qu'au profit de ceux qui ont un intérêt pécuniaire à la conservation de la vie de l'assuré, et dans la mesure de cet intérêt. Un père de famille gagne une certaine somme par an, et pourrait économiser en 20 ans 50,000 francs. Ce sont cinquante mille francs que les héritiers, les enfants plus particulièrement, sont assurés de trouver dans la succession d'après le cours ordinaire des choses. Le père pourra donc, moyennant une prime annuelle représentant à peu près ses économies, contracter une assurance sur la vie, dont le capital sera payé à ses enfants en cas de décès prématuré, ou à lui-même s'il vit encore; dans ce dernier cas, l'assurance aura été un mode de placement. D'après le même principe, l'assurance sur la vie pourrait encore être faite au profit d'un capitaliste qui va prêter des fonds et qui, sans elle n'aurait d'autre garantie que les économies du débiteur, économies qui devraient se prolonger pendant un certain nombre d'années.

Je pense qu'il faut encore envisager l'assurance à un autre point de vue. La pratique a bien vite élargi le cadre des opérations que nous venons de décrire, et quand, à plusieurs reprises, le législateur a permis ce genre de contrat, il l'a certainement permis avec les mêmes caractères qu'il avait, dans les cas où il était autorisé par le gouvernement depuis 1818, et qui l'avaient vulgarisé en France. L'assurance sur la vie ne peut être envisagée, au moins en général, comme un contrat d'indemnité. Quand je verse à la caisse de l'assureur des primes périodiques afin qu'il me paie au bout de quelques années une somme déterminée, je ne vois plus là un préjudice éprouvé qu'il faut réparer. De même quand je stipule qu'on donnera à mes héritiers telle somme, lors de mon décès, à quelque époque qu'il arrive, ces héritiers pourront n'éprouver par ma mort aucune perte. C'est alors un contrat innommé *do ut des*. Ce genre de contrat est parfaitement licite en droit français, au moins quand le bénéficiaire de la seconde prestation est celui qui doit accomplir la première.

En est-il de même quand le bénéficiaire est un tiers désigné au contrat? Je m'engage à vous payer pendant ma vie 1,000 francs chaque année afin que vous donniez 20,000 francs à Paul lors de mon décès. Si je donnais actuellement 20,000 francs pour que vous fassiez à Paul une rente viagère, soit à partir d'aujourd'hui, soit dans un temps déterminé ou indéterminé, le contrat serait parfaitement valable aux termes de l'article 1973. « L'assurance sur la vie, dit M. Onofrio, est un contrat aléatoire, qui a beaucoup d'analogie avec la constitution de rente viagère, tout en agissant en sens inverse. Dans la constitution de rente viagère, j'achète une rente qui doit durer jusqu'à mon décès, en payant immédiatement un capital. Dans l'assurance sur la vie, j'achète une rente payable à mon décès, en payant une rente pendant ma vie. L'un est l'acte de l'égoïste qui veut bien vivre en augmentant son revenu, aux dépens du capital de son hoirie; l'autre est l'acte de l'homme prévoyant et tendre, qui augmente le capital de son hoirie en retranchant de son revenu. L'assuré peut stipuler que le capital sera payé à un tiers. L'article 1973 autorise la constitution de rente viagère au profit d'un tiers. De même que je puis en payant immédiatement un capital, assurer à un tiers le paiement d'une rente viagère après mon décès, de même je puis en payant une prime pendant ma vie, assurer après mon décès le paiement du capital à un tiers. Il y a contrat onéreux entre la compagnie et moi, il y a de plus une libéralité de ma part envers le tiers bénéficiaire. » (Concl. devant la Cour de Lyon, 2 juin 1863. Sirey, 63, 2, 203.) C'était déjà l'idée exprimée par le conseil d'État en 1818. Ainsi non-seulement, il y a entre ces deux contrats une analogie parfaite, qui à elle seule suffirait, je pense, pour trancher la question, mais il y a identité dans les éléments juridiques qui entrent dans la formation de ces contrats ; et l'article 1973, fût-il exceptionnel comme quelques-uns le prétendent, qu'il serait encore permis de conclure que l'assurance sur la vie au profit d'un tiers est permise. Pour nous, au contraire, l'article 1973 n'est qu'une application du droit commun renfermé dans l'article 1121, et ces deux articles démontrent invinciblement que les contrats *do ut des* sont permis en droit français, même quand le bénéficiaire est un tiers étranger au contrat. Telle est aussi la théorie de la jurisprudence : « Attendu, dit la Cour suprême, qu'en l'absence d'une législation spéciale, le contrat d'assurance sur la vie est régi d'après les principes généraux du droit civil ; que l'assuré peut, notamment dans les termes de l'article 1121, convenir que le bénéfice de l'assurance appartiendra à un tiers suffisamment désigné. (Cass., 20 déc. 1876. Sirey, 77, 1, 119.)

On a encore fait une objection spéciale à la théorie des assurances sur la vie. Nous savons, a-t-on dit, combien notre loi civile se préoccupe de maintenir intact le principe de l'irrévocabilité des donations. Eh bien ! ce grand principe se trouve violé et méconnu, sinon en droit, tout au moins en fait, par le système de la validité de l'assurance au profit d'un tiers. Une clause qui se rencontre dans presque toutes les polices d'assurances décide que l'assuré ne sera pas tenu de verser périodiquement les primes ; mais en cas de non paiement ou bien le contrat est résolu et les primes payées perdues pour l'assuré, ou bien le capital de l'assurance est réduit proportionnellement. Le tiers bénéficiaire par son acceptation acquiert un droit qui, pour être légal, doit être irrévocable. Or, il suffira à l'assuré, pour révoquer sa libéralité, de cesser le paiement des primes. On rétablit donc ainsi les donations à cause de mort que notre Code a prohibées. Cette objection n'a pas la portée qu'on a voulu lui attribuer. Il suffirait toujours pour l'éviter d'insérer dans la police faite pour un tiers la clause que l'assuré sera tenu au versement des primes jusqu'à son décès ; ou plutôt il suffit d'effacer la clause qui permet à l'une des parties de se départir du contrat. Du reste, on ne peut pas dire que l'assuré par la clause qui nous occupe se soit réservé la faculté de révoquer, et ait ainsi fait une donation à cause de mort. Révoquer dans notre contrat, c'est enlever au tiers bénéficiaire le droit au capital assuré pour le transporter à soi-même ou à un autre. Or, c'est un résultat qui ne peut être atteint par la cessation du paiement des primes. Le bénéficiaire conserve toujours son droit au capital assuré, seulement pour éviter la résolution du contrat, il devra verser dans la caisse de la compagnie le montant des primes. Il recevra ainsi une libéralité moindre, voilà tout. Est-ce que si le stipulant s'était engagé à payer les primes et que par suite d'événements postérieurs il se trouve dans l'impossibilité de remplir ses engagements, nous ne permettrons pas au tiers bénéficiaire de continuer le paiement? Et s'il le continuait, est-ce que nous dirions que la donation est révoquée? Non, parce que dans un cas comme dans l'autre, il conserve son droit au capital de l'assurance, et qu'il est seulement tenu à quelques prestations pour éviter la résolution, non pas de son droit, mais du contrat principal intervenu entre l'assuré et la compagnie, contrat sans lequel son droit perd toute efficacité.

Je ne fais que mentionner en passant la validité, d'après les mêmes principes, de l'assurance en cas d'incendie au profit d'une tierce personne. Cette validité a été reconnue à diverses reprises par la jurisprudence. C'est ce que décidait la Cour de Paris le 22 mai 1855 (Sirey, 1856, 2, 157), au sujet de l'indemnité produite par l'assurance contre le recours par les voisins pour communication de l'incendie. La même Cour a encore déclaré : « Qu'on ne peut refuser au propriétaire un droit exclusif à l'indemnité due par les assureurs de risques locatifs, sous prétexte que ce serait lui donner sur des deniers appartenant au locataire, un privilège que la loi ne lui accorde que sur le prix du mobilier affecté au paiement de ses loyers; qu'en effet, en recevant la somme destinée à opérer la libération du locataire envers lui, le propriétaire ne reçoit aucune portion de l'actif de son locataire, puisque le montant des risques locatifs n'a jamais fait partie du patrimoine de celui-ci. » (Paris, 13 mars 1837. Sirey, 37, 2, 370.

Enfin, une personne peut, dans un contrat à titre onéreux, notamment une vente, imposer à son acheteur l'obligation de désintéresser ses créanciers à lui vendeur, et en particulier les créanciers ayant hypothèque sur le bien aliéné. C'est ce qui résulte d'un arrêt de la Cour suprême : « Attendu que si en principe général le tiers détenteur n'est tenu qu'hypothécairement envers les créanciers hypothécaires antérieurs à son titre, il peut, par une clause particulière, se rendre en outre leur obligé personnellement; et qu'en décidant par interprétation de l'acte du 19 juin, combiné avec l'exploit du 31 octobre suivant, que René de Miomandre avait contracté envers les représentants de Gabriel Feydeau l'obligation personnelle de leur payer la créance dont il s'agit, l'arrêt attaqué n'a violé aucune loi. » (Cass., 4 juin 1833. Sirey, 33, 1, 686.)

CHAPITRE II.

Formes de la stipulation pour autrui et de son acceptation.

SECTION PREMIÈRE.

De la stipulation.

La stipulation pour autrui, ayant pour effet d'attribuer un certain droit au bénéficiaire, constitue entre le bénéficiaire et le stipulant un véritable contrat. Tantôt ce contrat sera à titre onéreux comme dans le cas où je stipule dans une assurance contre l'incendie une indemnité au profit du propriétaire de l'immeuble occupé par moi. Dans cette hypothèse, quand le propriétaire réclamera le paiement de la somme stipulée, et se trouvera désintéressé, il perdra la créance qu'il avait contre moi aux termes de l'article 1733. La stipulation est donc une convention à titre onéreux entre le locataire et le propriétaire. Le même raisonnement serait exact quand le vendeur impose à son acheteur l'obligation de payer tel créancier. Ce dernier en recevant le prix de vente ne reçoit aucune libéralité. Tantôt ce contrat sera à titre gratuit, constituera une libéralité de la part du stipulant vis-à-vis du tiers bénéficiaire. C'est ce qui arrivera la plupart du temps dans le contrat de rente viagère et dans les assurances sur la vie. Cependant il n'en sera pas toujours ainsi ; la constitution de rente viagère peut être l'exécution d'une obligation, et nous avons vu qu'une assurance sur la vie peut être contractée comme sûreté d'un emprunt. Dans le premier cas, il ne s'élèvera aucune difficulté sur la forme, puisque aucune forme spéciale n'est imposée par le législateur aux contrats à titre onéreux.

Pour la seconde hypothèse, la question est plus délicate. La stipulation pour autrui, pourrait-on dire, constitue une libéralité à l'égard du tiers. Or, en droit français, les libéralités ne peuvent être consenties que sous certaines formes rigoureusement déterminées par le Code civil. Donc, si l'on n'observe pas les dispositions des articles 931 et suivants, la stipulation pour autrui est nulle. Ce raisonnement a été repoussé par le législateur lui-même dans le cas de rente viagère. « Quoiqu'elle ait les caractères d'une libéralité, elle n'est point assujettie aux formes requises pour les donations. » (Art. 1973.) Ce système du reste aboutirait à rendre illusoire la disposition de l'article 1121, lorsque les parties n'ont pas besoin de recourir à un acte notarié pour arriver à la perfection du contrat qu'elles veulent faire. Lorsque les parties veulent faire une donation proprement dite, on comprend que le législateur leur ait imposé l'obligation de recourir à certaines formes. Il ne peut plus en être de même quand deux personnes veulent faire un contrat à titre onéreux, contrat sérieux, dispensé de formes solennelles; ce contrat produira tous ses effets alors même qu'il entraînerait jusqu'à un certain point une libéralité. C'est ainsi que la remise de la dette n'a pas besoin d'être faite dans un acte notarié, même lorsqu'elle est faite à titre gratuit. S'il en est ainsi, alors que l'une des parties contractantes est bénéficiaire de la libéralité, on ne voit pas pourquoi il en serait autrement quand c'est un tiers qui doit recueillir le bénéfice résultant du contrat onéreux. « Comme l'acte principal, la convention qui se noue au moment de l'acte, c'est le contrat onéreux, c'est lui qui règle la forme ; la donation qui n'en est qu'une conséquence est entraînée dans le contrat onéreux et en subit la forme. » (Onofrio, *loc. cit.*)

La Cour de cassation a consacré en termes formels cette doctrine universellement admise en jurisprudence : « Attendu que l'acte sous-seing privé du 15 janvier 1835 rentre dans les termes de l'article 1121 ; qu'il résulte, en effet, de l'arrêt attaqué que cet acte, se référant au contrat du même jour par lequel les époux Fleuriot vendaient certains immeubles au sieur Lemeneur, expliquait que ce dernier devait revendre partiellement ces immeubles et placer l'excédant du prix sur la tête des enfants mineurs des dits vendeurs ; — Attendu que cette donation éventuelle, consentie au profit des enfants mineurs, était la condition des stipulations que les époux Fleuriot faisaient pour eux-mêmes, et qu'elle était dès lors dispensée des formes authentiques exigées pour les donations en général. » (Cass., 25 avril 1853. Sir., 53, 1, 488.)

Il est inutile d'ajouter que si la clause au profit d'autrui était insérée dans une donation entre-vifs, il faudrait alors avoir recours aux formes établies par la loi pour ce genre de contrats. Accessoire ou plutôt conséquence d'une donation, la stipulation pour autrui tombe si l'acte principal n'est pas valable. Il est donc évident que si le donateur refuse de délivrer ce qu'il a donné, ou demande la nullité de la donation et répète ce qu'il a déjà livré, le donataire ne pourra être tenu de verser la somme au profit d'autrui. Cependant une question peut s'élever à ce sujet. Je suppose que le donateur ne demande pas la nullité de la donation qu'il a consentie; bien plus, en mourant il impose à ses héritiers, dans son testament, l'obligation de ne point inquiéter le donataire. Ce dernier pourra-t-il, dans le cas où la charge absorberait et peut-être au delà l'émolument de la donation, demander la nullité de la stipulation pour autrui en restituant volontairement ce qu'il a reçu. Je suppose, pour éviter une autre difficulté, que le tiers a accepté la libéralité faite à son profit, avant le décès du donateur. La difficulté provient d'un côté, de ce que l'article 931 exige que la donation soit faite dans un acte authentique sous peine de nullité et ne limite pas au donateur le droit de demander cette nullité; d'un autre côté, la donation accessoire doit tenir aussi longtemps que la donation principale; or, cette dernière par hypothèse ne peut être attaquée par les héritiers du donateur, ou du moins le donataire n'a qu'à accepter le legs à lui fait pour arriver à ce résultat. Je pense que l'article 931, écrit dans l'intérêt du donateur et non du donataire, ne permet pas à ce dernier de demander la nullité. Il sera tenu de payer au tiers la chose stipulée à son profit.

Je crois qu'il faudrait même aller plus loin, et dire que dans le cas où le donateur n'aurait pas fait disparaître ainsi au moyen d'un legs le vice affectant la libéralité, le donataire ne pourrait invoquer ce vice. Il va, dit-on, être exposé à payer, et à se voir plus tard dépouillé de la donation. Je répondrai qu'il lui suffira, pour se garantir de toute perte, de mettre en cause le donateur lorsqu'il sera lui-même poursuivi par le tiers. Il mettra alors le donateur en demeure de demander la nullité ou de refaire le contrat dans les formes déterminées par la loi.

SECTION DEUXIÈME.

De l'acceptation.

La stipulation pour autrui, afin de produire tout son effet, doit être acceptée par celui qui en est le tiers bénéficiaire. De même que la stipulation, l'acceptation, selon moi, devra être exempte des formes imposées aux libéralités. Cependant on a fait à cette doctrine plusieurs objections. Si la liberté, dit-on, peut être dispensée des formes, c'est qu'elle est une clause accessoire d'un contrat dispensé lui-même de la forme authentique. L'acceptation, elle, destinée à parfaire cette libéralité ébauchée, est un acte principal, qui ne se relie point à un autre contrat comme partie intégrante, et qui, pour cette raison, doit être soumise aux formalités imposées aux actes d'acceptation d'une donation. La seconde partie de l'article 1121, déclarant que le stipulant ne peut plus révoquer son offre quand le tiers a *déclaré* vouloir en profiter, n'est qu'une copie abrégée de l'article 932. « La donation entre-vifs n'engagera le donateur et ne produira aucun effet, que du jour qu'elle aura été acceptée en termes exprès. L'acceptation pourra être faite du vivant du donateur, par un acte postérieur et authentique, dont il restera minute, mais alors la donation n'aura d'effet à l'égard du donateur que du jour où l'acte qui constatera cette acceptation lui aura été notifié. »

Ce raisonnement me semble peu en harmonie avec le caractère accessoire de la stipulation pour autrui et surtout avec l'article 1973. « Attendu que la disposition de l'article 1121 est évidemment de même nature que celle de l'article 1973, qui veut que la rente viagère puisse être constituée au profit d'un tiers, quoique le prix en soit fourni par une autre personne, et que dans ce dernier cas, quoiqu'elle ait les caractères d'une libéralité, elle n'est pas assujettie aux formes requises pour les donations; — Que si l'article 1121 ajoute que celui qui a fait la donation ne peut plus la révoquer, si le tiers a déclaré vouloir en profiter, cette disposition uniquement relative à l'auteur de la stipulation, n'a pas pour objet la validité de la stipulation déjà reconnue par la première partie de l'article, mais de lui assurer un autre caractère, celui de l'irrévocabilité; — Qu'il faut donc tenir pour constant que toute libéralité n'est pas nécessairement assujettie pour sa validité à la nécessité de l'acceptation *expresse et solennelle*, exigée pour les donations entre-vifs. » (Cass., 28 juin 1837. Sirey, 37, 1, 689.) De cet arrêt je ne veux retenir pour le moment qu'une chose, la dispense de toute formalité solennelle.

Mais ne devra-t-on point au moins notifier au stipulant l'acceptation de sa libéralité, afin de lui faire connaître le moment précis où il perdra le droit de révocation que lui accorde l'article 1121, tant que le tiers n'a pas *déclaré* vouloir en profiter. Il est évident que ceux dont nous venons de combattre l'opinion admettent l'affirmative, parce qu'ils voient dans notre hypothèse une libéralité soumise à certaines formes. Nous ne réfuterons point de nouveau cette doctrine. Mais il est d'autres auteurs qui se rangent aussi du côté de l'affirmative, par application, disent-ils, du droit commun en matière de contrats. La stipulation au profit d'un tiers, nous l'avons déjà vu en passant, et nous allons examiner cette idée plus en détail dans un instant, constitue un contrat accessoire qui vient s'ajouter au contrat principal, sans se confondre cependant complètement avec lui. La stipulation pour autrui est une offre, qui, pour devenir un contrat, doit être acceptée par celui à qui elle est adressée. Or, d'après le droit commun, disent certains auteurs, quand le contrat ne se forme pas entre présents, il ne devient parfait que quand l'acceptation donnée par la partie absente a été connue de l'autre contractant. L'acceptation, dit-on, est de même nature que l'offre, elle est la manifestation de la volonté de celui qui accepte, comme l'offre est la manifestation de la volonté de celui qui propose, et il est logique que l'une et l'autre soient gouvernées par la même règle; or, l'offre n'engage l'offrant que quand elle est parvenue à la connaissance de celui à qui elle est faite. D'après cette doctrine, l'article 932, en dehors de la condition d'authenticité, est une application du droit commun. Par conséquent, la stipulation pour autrui ne devient un contrat obligatoire qu'autant que l'acceptation du bénéficiaire sera connue du stipulant; jusque-là, elle peut être révoquée.

Ce système est peu juridique. Le contrat, en effet, est une espèce de convention et se forme par le concours de deux volontés. Or, dès le moment de l'acceptation, les deux volontés ont concouru et le contrat s'est formé. Quant à l'assimilation entre l'offre et l'acceptation, elle est impossible. Il faut bien que l'offre soit parvenue à l'autre contractant pour qu'un concours de volontés puisse s'établir, mais cette condition est nullement nécessaire pour l'acceptation. L'article 932, qu'on voudrait opposer à ce raisonnement logique, n'est d'aucune importance dans la question. « Cet article est spécial aux donations entre-vifs, et il y en a deux preuves : la première, c'est que la disposition qu'il renferme est de droit nouveau, et que notre ancien droit n'exigeait pas, pour la perfection de la donation entre-vifs, que l'acceptation du donataire fût connue du donateur, la seconde c'est que le droit nouveau ne l'exige pas non plus d'une manière absolue; car c'est seulement *à l'égard du donateur* que l'acceptation, faite par acte séparé, n'aura d'effet que du jour où elle lui aura été notifiée; d'où il suit, qu'à l'égard de tout autre, elle aura effet dès qu'elle aura eu lieu et indépendamment de toute notification. » (Demol., T. 24, n° 75.) Attendu au surplus, dit la Cour suprême, que l'article 932, spécial aux donations entre-vifs, est étranger aux stipulations régies par l'article 1121. (Cass., 30 juillet 1877. Sirey, 78, 1, 55.)

Il suit de là que l'acceptation peut être tacite, et résulte de tout acte qui implique nécessairement de la part du tiers la volonté d'accepter. Ainsi, je vous vends tel domaine à la condition que vous donnerez tel bien à Paul, puis Paul vend ce bien à une autre personne. Cette vente implique bien chez le bénéficiaire la volonté d'accepter la donation qui lui est faite, ou bien une stipulation au profit d'une personne est faite sous la condition que cette personne fera telle chose. Puis ce tiers accomplit la condition qui tenait son droit en suspens; à partir de ce moment son droit devient irrévocable. (Cass., 30 juillet 1877.) La déclaration de vouloir profiter de l'acte résulte suffisamment du procès qui a précisément pour objet l'exécution de la dite stipulation. (Cass., 25 avril 1853. Sircy, 53, 1, 488.) Enfin, le fait par un créancier engagiste de recevoir la rente de la part de l'acheteur à la suite d'un contrat dans lequel le vendeur imposait cette obligation à l'acheteur, constitue de la part de l'engagiste, tiers relativement au contrat principal de vente, l'acceptation de la stipulation telle qu'elle est requise par l'article 1121. (Caen, 8 mai 1845. Sirey, 45, 2, 534.)

SECTION TROISIÈME.

Jusqu'à quelle époque le tiers peut-il accepter?

Nous avons vu en quelle forme peut être faite l'acceptation, nous allons rechercher maintenant jusqu'à quelle époque le tiers pourra valablement profiter, par son acceptation, de la stipulation faite à son profit. Pour répondre à cette question, il faut d'abord en résoudre une autre fort délicate. Le droit du tiers existe-t-il comme partie accessoire et intégrante du contrat principal, sauf faculté de révocation de la part de celui qui a stipulé; ou bien ne prend-il une existence juridique qu'à compter de l'acceptation?

Pothier, au numéro 73 de son traité des obligations, se demande si le stipulant peut remettre la charge sans l'intervention du tiers qui n'était pas partie à l'acte et qui n'a pas encore accepté la libéralité; et il rapporte les deux opinions en présence dans l'ancien droit. D'après Barthole et Ricard (*Subst.*, part. I, ch. IV) cela était possible. Ils s'appuient sur le principe romain : *Nihil tam naturale est quæque eodem modo dissolvi quo colligata sunt.* « Le droit qui est acquis à ce tiers est donc, selon ces auteurs, un droit qui n'est pas irrévocable, parce qu'étant formé par le seul consentement du donateur et du donataire, sans l'intervention du tiers, ce droit est sujet à être détruit par la destruction de ce consentement; destruction qu'opèrera un consentement contraire des mêmes parties; ce droit ne devient irrévocable que lorsque la mort du donateur, empêchant qu'il ne puisse désormais intervenir un consentement contraire, le consentement qui a formé ce droit cesse de pouvoir être détruit. »

D'autres auteurs accordaient encore une efficacité plus grande au contrat principal. L'accord du donateur et du donataire ne peut pas annuler la stipulation au profit du tiers. Les raisons sur lesquelles ils se fondent sont que la clause de l'acte de donation qui contient la charge imposée au donataire, de donner quelque chose à un tiers, renferme une seconde donation que le donateur fait à ce tiers. Cette seconde libéralité reçoit son entière perfection par l'acceptation que le premier donataire fait de la donation sous cette charge. Ce droit acquis au tiers est un droit irrévocable, et il ne peut dépendre du donateur d'en décharger le premier donataire au préjudice du droit acquis à ce tiers; car la clause qui renferme cette seconde donation, étant une clause qui fait partie d'une donation entre-vifs, la donation fidéicommissaire renfermée dans cette clause est de même nature, c'est-à-dire irrévocable. La règle *quæ consensu contrahuntur, consensu dissolvuntur,* a lieu entre les parties contractantes seulement et non au préjudice d'un droit qui aurait été acquis à un tiers.

Dans les deux opinions qui se partageaient l'ancien droit, le tiers au profit de qui une stipulation avait été faite dans une donation entre-vifs, avait acquis un droit à partir de la perfection du contrat principal par l'acceptation du donataire. Il pouvait se faire qu'il perdît le bénéfice du contrat par la révocation par suite d'une vieille règle de droit romain ; mais cette révocation dépendait absolument de la volonté du donateur, et devenait impossible par suite de son décès.

Des auteurs modernes ont voulu défendre la même théorie. « Prétendre, dit M. Demolombe, que le contrat ne peut se former que par le concours des volontés du stipulant et du tiers, c'est méconnaître le caractère de cette stipulation, qui précisément ne constitue point elle-même un contrat, mais simplement une condition accessoire, une charge ou un mode d'un autre contrat, qui s'est, lui, déjà formé par le concours des volontés des parties qui y figuraient. Il n'y a donc point lieu d'exiger, pour que cette charge ou ce mode puisse s'accomplir, le concours des volontés nécessaire dans les contrats, puisqu'il ne s'agit pas d'un contrat. » (Demol., T. 20, n° 93.) La seule conséquence qui, d'après la Cour de cassation, peut résulter du retard apporté dans l'acceptation par les bénéficiaires éventuels de l'acte, c'est que le stipulant pourrait jusqu'au moment de l'acceptation revenir contre son acte. (Cass., 22 juin 1859. Sirey, 61, 1, 151.) C'est aussi la doctrine qui a été consignée dans un arrêt récent de la Cour de Nîmes. Voici les considérants qui la consacrent en termes formels : « Attendu il est vrai que l'article 1121 laissait à Cahaix la faculté de révoquer cette stipulation, tant que sa femme n'avait pas déclaré vouloir en profiter; mais qu'en réalité il est décédé sans en avoir usé; qu'il suit de là qu'au moment où la femme, après le décès de son mari, a réclamé à la Compagnie d'Assurances générales la somme de 12,552 francs, la créance dont l'avait investie la stipulation était telle que l'avait formée le contrat du 20 juin 1872; il faut dire que la Compagnie s'est trouvée obligée à partir du 20 juin 1872 envers la veuve Cahaix; qu'on objecte vainement qu'au jour où s'est produite l'acceptation de la veuve Cahaix, la créance était restée dans le patrimoine de son mari; que cette supposition est contraire, d'abord à la volonté du père de famille, qui, au moment même où cette valeur était créée, l'a attribuée à sa femme et à ses enfants à naître, et n'a indiqué par aucune des clauses de l'acte qu'il entendait se réserver d'en disposer à son gré, qu'elle serait évidemment contraire à la volonté du législateur qui, en autorisant, dans le cas de l'article 1121, le père de famille à stipuler pour sa femme, a entendu que l'engagement de la personne obligée daterait du jour même du contrat envers la personne au profit de laquelle l'engagement était souscrit. » (Nîmes, 25 fév. 1880. Sirey, 80, 2, 327.) L'acceptation du tiers pour quelques-uns est une condition suspensive dont la réalisation fait remonter les effets de la donation jusqu'au jour du contrat. « Si le tiers accepte la stipulation faite à son profit, il est présumé, suivant l'article 1179, avoir été créancier *ab initio* du bénéfice de la stipulation. » (Caen, 14 mars 1876. Sirey, 77, 2, 332.)

Une telle solution est contraire aux principes les plus certains de notre droit. On aurait tort d'invoquer, comme l'a fait M. Demolombe, l'autorité de l'ancien droit. Il est certain que l'acceptation postérieure du tiers n'aurait pu empêcher le stipulant et le promettant de détruire la charge imposée dans la donation; d'un autre côté, pour arriver à ce but, il fallait le concours de la volonté du promettant avec celle du stipulant. Ce sont là deux points qui ne sauraient être admis aujourd'hui. Il est non moins évident que la seconde opinion n'est pas non plus celle de notre Code civil; pour s'en convaincre, il n'y a qu'à lire l'article 1121. Du reste, c'était avec raison que Fachinœus et les auteurs par lui cités repoussaient l'opinion de Barthole et de Ricard. D'après cet auteur, en effet, il y avait donation entre-vifs, et cependant cette donation était révocable. C'est ce qui résulterait encore aujourd'hui de la théorie de M. Demolombe. Cette donation, clause accessoire du contrat principal, serait révocable au moins jusqu'à l'acceptation du bénéficiaire. Or, en droit français, la donation entre-vifs est essentiellement irrévocable (art. 894), et les donations à cause de mort n'existent plus (art. 893). Du reste, on comprendrait difficilement pourquoi, si le Code civil permettait par exception de faire une donation révocable, la libéralité ne conserverait point ce caractère même après l'acceptation par le tiers bénéficiaire.

Il faut donc rechercher une explication plus rationnelle et plus juridique de l'article 1121, § 2. La donation accessoire, résultant de la stipulation, tire bien son origine, la base même de sa validité dans le contrat principal; mais elle n'en est pas moins une donation ayant tous les caractères des contrats. Cette stipulation elle-même, quoique accessoire, exige deux volontés pour être parfaite. C'est pourquoi, tant que ce concours des volontés du stipulant et du tiers n'existe point, il n'y a aucun lien, et celui qui a fait l'offre peut la retirer. Il n'y a que quand les deux volontés coexistent, que le contrat s'est formé, et que en conséquence le stipulant ne peut plus révoquer son offre.

Soit, dit-on, il faut que les deux volontés existent; la formation du contrat est suspendue jusqu'à l'acceptation. Mais à partir de ce moment, en vertu de l'article 1179, l'effet de la condition accomplie rétroagit au jour du contrat principal. Comme le fait remarquer avec beaucoup de justesse M. Labbé, « une condition accidentelle rétroagit au jour du contrat; soit, mais une volonté destinée à former le consentement, base essentielle, source initiale d'une donation, ne rétroagit pas. » (Labbé. Note dans Sirey, 1877, 1, 399.) On dit que le stipulant n'a jamais eu l'intention d'acquérir pour lui un droit, mais a voulu l'attribuer immédiatement au tiers. Je le veux; mais je dois obéir aux principes généraux du droit, et ces principes refusent absolument au père de famille la faculté de faire ce qu'il aurait l'intention d'accomplir. Ces observations nous aideront à résoudre la question que nous avons posée plus haut : Quels sont les événements qui mettent fin au droit d'accepter valablement la stipulation?

1° *Décès du stipulant.* Trois opinions sont en présence.

Premier système. Le décès du stipulant, loin d'empêcher l'acceptation, a pour effet de rendre inutile cette acceptation. A partir de ce moment, le droit du tiers s'est définitivement fixé. C'est le système de l'ancien droit.

Deuxième système. Le décès du stipulant n'empêche pas l'acceptation d'être faite; mais ses héritiers, succédant à ses droits, peuvent révoquer en son lieu et place. Tant que cette révocation n'a pas eu lieu, le tiers peut toujours accepter et rendre son droit irrévocable. Tel est le système de la Cour de cassation dans un arrêt du 22 juin 1857 : « Le même droit de révocation pouvait être exercé soit par l'héritier du stipulant, soit par son légataire universel, comme représentant sa personne et exerçant ses droits.

Troisième système. Le décès du stipulant, empêchant la formation du contrat de donation entre lui et le tiers bénéficiaire, enlève à ce dernier le droit d'accepter utilement. Du reste, comme ce système est l'application du droit commun, peu importe que la stipulation pour autrui constitue une donation ou un contrat à titre onéreux.

Le premier système est évidemment contraire à l'idée de contrat que nous avons rencontrée dans la clause qui nous occupe. Du reste, on ne voit pas pourquoi, si le droit d'accepter persiste après la mort du stipulant les héritiers de celui-ci n'ont point, par réciprocité, le droit de révoquer. Le droit de révoquer est personnel; soit; mais il ne s'agit pas là de la révocabilité des donations, ce qui serait contraire à l'article 894. La seconde opinion, quoique plus logique, pèche aussi par la base. Il est impossible qu'un accord de volontés s'établisse entre le tiers et le stipulant, puisque celui-ci, par hypothèse, est mort. Or, il a toujours été admis, et aujourd'hui tout le monde est d'accord sur ce point, que la pollicitation ne peut durer que tant que vit celui qui l'a faite. Le troisième système est donc seul en harmonie avec tous les textes du Code civil.

Il est évident que cet effet produit par le décès du stipulant résulterait de tout événement qui l'empêcherait d'avoir une volonté. C'est ainsi que tombe la pollicitation faite par une personne qui, avant l'acceptation, est devenue folle, a été interdite, ou même seulement a été pourvue d'un conseil judiciaire, au moins dans les cas où le contrat qui va se former, rentre dans la catégorie de ceux que l'individu pourvu d'un conseil judiciaire ne peut faire sans l'assistance de ce dernier.

2° *Faillite du stipulant*. Plusieurs arrêts décident que cet événement n'empêche pas l'acceptation de la part du tiers. (Nîmes, 25 fév. 1880. — Caen, 14 mars 1876.) La créance résultant de cette stipulation au profit du tiers n'étant jamais entrée dans le patrimoine du stipulant, n'a pu dès lors en être distraite. Aussi, en cas de faillite, il n'y a pas lieu relativement à ce bénéfice à l'application des articles 446 et 447, lesquels ne statuent que pour le cas où le failli a pris *de suo*. Je crois néanmoins, pour les raisons exposées plus haut, que l'acceptation est désormais impossible. Ce n'est, en effet, qu'au moment de l'acceptation que son patrimoine se trouve définitivement dépouillé de l'émolument résultant de la stipulation. Et par conséquent, si cette acceptation se produit dans une période suspecte, elle tombe sous l'application des articles 446 et 447 du Code de commerce. Cependant on pourrait apporter un tempérament à cette solution. Si le droit stipulé au profit du tiers était un de ces droits que, en cas de révocation, le stipulant ne pourrait invoquer à son profit, je pense que l'acceptation faite même à une époque suspecte serait valable, à la condition toutefois que le contrat principal soit lui-même exempt de tout vice. Cette acceptation, en effet, n'appauvrit point le patrimoine du failli.

Nous verrons bientôt qu'il peut arriver que le stipulant seul ne puisse révoquer l'offre. Il lui faut quelquefois le concours de son co-contractant. Dans ce cas nous dirons que la volonté d'un seul suffit pour donner naissance au contrat, parce que tous deux sont censés avoir stipulé au profit du tiers bénéficiaire, aussi la mort de l'un n'emportera pas déchéance du droit d'accepter (1).

3° *Décès ou incapacité du tiers.* On s'est demandé si les héritiers à titre universel pourraient accepter au lieu et place du tiers. Et il est des auteurs et des Cours d'appel qui ont répondu affirmativement. Tous ceux qui ad-

(1) Est-il absolument vrai de dire que le décès ou l'incapacité du stipulant emportent d'une manière absolue incapacité d'accepter valablement? M. Labbé admet un instant que l'acceptation puisse être postérieure au décès du stipulant. L'article 1121, en effet, peut apporter une dérogation au droit commun en ce sens qu'il n'exigerait pas une acceptation antérieure. « Soit, dit l'éminent professeur, nous sommes disposés à faire sortir de l'article 1121 toute facilité possible pour la disposition de ses biens sous forme de stipulation pour autrui; mais il faut respecter les notions essentielles du droit. Le législateur est tout-puissant sur la forme et non sur le fond des choses. Sans consentement il n'y a pas de donation, mais au moyen de volontés qui se succèdent peut se réaliser un legs ou un *fideicommis*. Admettons que, d'après le silence de l'article 1121, l'adhésion du tiers puisse précéder ou suivre la mort du stipulant. Il faut admettre conséquemment que la stipulation pour autrui renferme l'offre d'une donation entre-vifs, susceptible de se convertir en disposition de dernière volonté, selon que l'acceptation interviendra avant ou après la mort du stipulant. Cela est nouveau, étrange peut-être, mais non absurde. L'idée du *fideicommis* était d'ailleurs usitée, par nos anciens auteurs, pour déterminer les effets de la stipulation pour autrui. L'expression de legs a été employée à ce propos et pour caractériser l'effet possible de la stipulation pour autrui par des honorables magistrats. » (Rapport de M. Massé sur l'arrêt du 7 fév. 1872. Sirey, 72, 1, 86; Rapport de M. Dumon sur l'arrêt du 10 nov. 1874. Sirey, 75, 1, 101.)

Cela est en effet si étrange, que cette interprétation serait le plus souvent contraire à la volonté des parties contractantes. Le législateur, en édictant l'article 1121, n'a évidemment pas songé à ces conséquences qu'on tirerait un jour de son silence. Dans tous ces cas, si les tribunaux appliquaient cette doctrine, ils devraient dire, comme le fait observer M. Labbé, que la créance fait partie de la succession du stipulant, et comme telle sera soumise à l'action des créanciers.

mettent que la clause au profit du tiers ne constitue point un contrat distinct, et en conséquence admettent une acceptation possible après la mort du stipulant, sont decet avis. D'autres ont encore dit : Les héritiers de celui à qui les offres ont été faites, et qui, surpris par la mort, n'ont pas eu le temps d'accepter, pourraient les accepter eux-mêmes, chaque fois que l'acte sera à titre onéreux et aurait été fait avec les héritiers aussi bien qu'avec le *de cujus*. Cette opinion est généralement repoussée et avec raison. Sans doute les héritiers sont saisis des droits et actions du défunt; de même, l'article 1122 nous dit qu'on est censé avoir stipulé pour soi et ses héritiers. Aussi les effets de la convention *une fois formée* passent à nos héritiers. Mais la convention n'est pas formée tant que les volontés des deux parties n'ont pas concouru; or, comme le dit M. Demolombe, la volonté d'une personne c'est la personne elle-même, et cette volonté meurt avec elle. (Cass., 20 juillet 1846. Sir., 46, 1, 875.)

4° *Prescription.* La Cour de Rennes, dans un arrêt, semble exiger que l'acceptation ait lieu dans les 30 ans à dater de la stipulation. Voici l'espèce qu'elle avait à résoudre. Cornic achète la chapelle Sainte-Anne et la palue qui en dépend, disant le faire tant pour lui que pour tous les autres habitants de la commune de Plounevez-Pornay. Puis il revend à l'abbé Ponchous qui achète pour la fabrique. La commune prétend exercer les droits qui résulteraient pour elle de l'acte d'acquisition. « Considérant, dit la Cour de Rennes, que quel que soit le mérite des présomptions qui résultent de ces circonstances, la commune, alors même que la stipulation tierce eût été faite en sa faveur, ne pouvait en profiter qu'en acceptant en temps utile; qu'elle ne l'a acceptée *ni dans les* 30 *ans*, ni du vivant de ceux qui l'avaient faite, ni avant que les héritiers eussent vendu; que conséquemment, aux termes de l'article 1121, la commune était déchue du droit d'accepter quand elle a intenté son action. » (Rennes, 15 décembre 1848. Sirey, 50, 2, 276.)

La solution était suffisamment justifiée par les deux derniers motifs; mais le premier était-il bien juridique? Toutes les actions, tant réelles que personnelles, sont prescrites par 30 ans (art. 2262). La décision de la Cour de Rennes eût été juridique si la convention avait mis une certaine prestation à la charge du débiteur principal; ce débiteur serait libéré. Mais si aucune dette n'est à la charge de l'autre contractant, comme dans l'espèce, ou si la dette est soumise à un terme ou suspendue par une condition, notre arrêt ne se comprendra plus qu'à la condition de dire qu'entre le stipulant et le tiers, l'offre est prescrite par trente ans. Or, c'est là une doctrine qui me semble contraire à la loi. La prescription, établie pour fournir une présomption de libération à celui qui ne pourrait rapporter une autre preuve de paiement ou de l'exécution de l'obligation, n'est d'aucune utilité à celui qui n'a qu'à retirer son offre pour n'avoir jamais été tenu. Dire que la prescription s'applique à l'offre, c'est sous-entendre qu'une offre même non acceptée est, jusqu'à un certain point, obligatoire. Et pourquoi, s'il me plaît de maintenir mon offre pendant plus de trente ans, aurais-je ensuite le pouvoir, après l'acceptation du tiers, de lui opposer la prescription? Il y aurait là un résultat que le législateur n'a pu admettre.

5° *Décès du promettant*. Il va sans dire que dans les

cas ordinaires, la mort ou l'incapacité du promettant survenue après le contrat principal, n'empêchent pas l'acceptation. Quant à lui, l'acte a acquis sa perfection dès l'origine; s'il se forme à côté de la première convention un autre contrat, c'est entre le stipulant et le tiers, et non entre ce dernier et le promettant. Il peut cependant se faire que le promettant joue en même temps le rôle de donateur. Il en sera ainsi quand un frère abandonnera une certaine chose à son frère, à la condition que ce dernier fera une rente viagère à leurs parents. Souvent, dans ce cas, la rente sera plus considérable que la valeur de l'objet abandonné. Nous avons déjà vu que la mort de l'un ou l'autre n'enlève pas toute efficacité au contrat, parce que tous les deux ayant stipulé la rente, la donation accessoire peut se former entre le bénéficiaire et l'une des parties. Dans ce cas, la donation subsiste-t-elle pour le tout? Et si, soit le stipulant, soit le promettant, pour rentrer dans notre hypothèse, meurt, les parents auront-ils droit à la totalité de la rente? J'incline, bien que je n'aie rencontré cette solution nulle part, à penser que non. Il y a bien deux stipulants, et tant que l'un demeure, la donation peut se former, mais il est certain que chacun est donateur pour partie seulement, et puisque un seul demeure, c'est pour partie seulement aussi que se formera le contrat de donation.

6° *Révocation.* L'article 1121 décide que celui qui a fait la stipulation ne peut plus la révoquer dès que le tiers a déclaré vouloir en profiter. Donc, jusqu'à ce moment, il peut retirer son offre. C'est que tant que l'adhésion du tiers n'est pas venue parfaire le contrat, le stipulant n'est pas lié, et lorsqu'il aura rétracté sa proposition, il ne pourra jamais être lié; car sa volonté qui devait concourir avec celle du tiers disparaît.

Cet article nous dit que c'est le stipulant qui peut révoquer, parce que, en règle générale, c'est entre lui et le bénéficiaire que se forme le contrat. S'il se trouvait que le contrat se formât avec le promettant aussi bien qu'avec le stipulant, ce dernier seul ne pouvait pas retirer son consentement. C'est ce qui arriverait dans le cas de rente viagère stipulée au profit de parents. Cette solution devrait être donnée chaque fois que le contrat suppose un sacrifice réciproque fait par les parties, ainsi dans une transaction. « Attendu qu'entre la veuve Rousse d'une part, Hache et Pepin-Lehalleur d'autre part, l'acte de 1857 avait le caractère d'une transaction; qu'il suit de là, que Hache et Pepin-Lehalleur avaient intérêt à ce que la constitution de dot au profit des cinq filles Rousse reçût son exécution; que par conséquent le dit arrêt a eu raison d'en conclure, que cette stipulation n'avait pu être révoquée par la veuve Rousse seule. » (Cass., 30 juillet 1877. Sirey, 78, 1, 55.) Pour révoquer complètement, il faut donc le concours de toutes les parties contractantes. Mais quand l'une d'elle révoque son offre, aussi bien que quand elle meurt, je pense que le contrat devient caduc pour partie. Sans doute, dans l'espèce précédente, la Cour de cassation décide que les bénéficiaires pourront réclamer toute leur dot. C'est là, selon moi une décision d'espèce, exigée par la nature même du contrat principal, qui était une transaction. Pour savoir ce que chacun donnait dans ce cas, il aurait fallu renouveler tous les procès que la transaction avait pour but d'éteindre ou de prévenir, et c'est ce que la veuve Rousse, partie au contrat, ne pouvait prétendre. Mais dans tous les autres cas, il ne faudrait valider le contrat que jusqu'à concurrence de la partie pour laquelle celui qui n'a pas révoqué, a joué le rôle de donateur.

La révocation dans notre matière étant le retrait du consentement, retrait qui va empêcher le contrat de se former, peu importe, dans quelle forme cette rétractation sera faite par le stipulant. Les juges du fait auront à apprécier suivant les circonstances, si le stipulant a entendu révoquer complètement son offre, ou seulement la modifier et la retirer pour partie. Il y aura révocation chaque fois que le stipulant aura fait un acte postérieur, dont l'existence est incompatible avec l'exécution de la stipulation. Ce sera par exemple, la revente d'immeubles qui avaient été stipulés au profit d'un tiers; il pourra même arriver suivant les cas, qu'une revente partielle entraîne révocation pour le tout. La volonté du stipulant peut aussi résulter d'une déclaration expresse, consignée dans un acte authentique, ou même sous-seing privé. Dans ce dernier cas, s'élèverait une question de date, l'acte sous-seing privé n'étant opposable au tiers qu'autant qu'il a acquis date certaine. Elle peut être exprimée, entre autres, dans un testament. « Attendu que Haurel a incontestablement usé du pouvoir qui lui appartenait de révoquer; qu'en effet, par un testament du 1er septembre 1866, il a décidé que ses dettes seraient acquittées avec les fonds à provenir de son assurance sur la vie; qu'il suit de là, qu'il a fait rentrer dans ses biens le produit de l'assurance. » (Rouen, 12 mai 1871. Sirey, 71, 2, 279.)

Il est évident que la remise de la dette consentie au débiteur emporte nécessairement révocation de l'offre faite au tiers. Mais dans tous les cas où la révocation résulte implicitement d'un acte consenti au profit d'une autre personne, une question s'est élevée en jurisprudence. La proposition d'où résulte la rétractation ou la modification a-t-elle besoin, pour produire cet effet, d'avoir été acceptée par le tiers qui va bénéficier de cet acte? La Cour de Paris l'a pensé dans l'espèce suivante. Une mère donne à titre de partage tous ses biens à ses deux fils, à charge de servir une rente viagère de 3,000 francs à leur aïeule, mère de la donatrice. Quinze jours plus tard, la stipulante passe un acte devant notaires par lequel elle déclare que la donation au profit de sa mère n'ayant pas encore été acceptée, elle a droit de la modifier; qu'usant de ce droit, elle entend que la donation ne soit maintenue à la charge de ses fils que par voie d'action personnelle : elle renonce en conséquence, tant pour elle que pour la donataire, à tous droits, privilège, action résolutoire et hypothèque qui pourraient appartenir à elle ou à la donataire. Puis la donataire accepte la donation qui lui était faite par le premier acte, sans faire mention de la modification que le second acte y avait apportée; sur cela la stipulante révoque la libéralité qu'elle avait faite à sa mère, en se réservant de disposer de la rente révoquée. Après sa mort, l'aïeule intente une action en paiement de la rente contre ses petits-fils. En appel ceux-ci reconnaissent que la libéralité faite à leur aïeule n'avait pu être révoquée par la donatrice puisqu'elle avait été acceptée; mais ils soutiennent que l'acte par lequel cette libéralité était modifiée devait recevoir son exécution puisqu'il avait été fait avant l'acceptation de la donataire. La Cour de Paris reconnaît que la stipulante avait eu le droit de modifier une stipulation qui n'était pas encore acceptée; mais elle décida que les modifications constituaient une nouvelle libéralité, qui aurait dû être acceptée par les promettants au profit de qui elle était faite. Or, cette libéralité n'avait jamais été acceptée, donc la stipulation primitive, dûment acceptée, devait recevoir son exécution.

La Cour de Paris, dans cet arrêt, méconnaissait le fondement sur lequel repose l'article 1121, § 2. Si la révocation fait obstacle à une acceptation postérieure, c'est qu'elle empêche la formation du contrat en faisant disparaître une des volontés qui devaient concourir à ce but. Dès lors peu importait que la nouvelle libéralité fût ou non acceptée par les promettants à qui elle était faite. Aussi cet arrêt fut-il cassé et la Cour suprême déclare que jusqu'à l'acceptation et en conformité des règles ordinaires des contrats, la stipulation favorable au tiers peut être retirée, et à plus forte raison modifiée, le tout sans qu'il soit besoin de la volonté du donataire principal, à l'égard duquel la donation dont il s'agit n'a que le caractère d'une charge. « L'arrêt attaqué s'est prévalu d'une circonstance sans portée légale dans la cause, pour dénaturer le contrat de bienfaisance intervenu entre la comtesse de La Galissonnière et la veuve Meulien. » (Cass., 27 décembre 1853. Sirey, 54, 1, 81. — Comp. Rouen, 8 mai 1851. Sirey, 51, 2, 713.)

De tout ce qui précède il résulte qu'il n'est pas besoin que le stipulant notifie sa rétractation, ni au débiteur ni au tiers, pas plus que ce dernier ne doit notifier son acceptation au stipulant ou au promettant. Mais comme le promettant est débiteur soit du donateur, soit du donataire, suivant que l'offre n'a pas encore été acceptée ou qu'elle a été révoquée, ou qu'au contraire l'acceptation est intervenue avant toute rétractation, il peut arriver qu'il se libère de bonne foi entre les mains de celui qui n'est pas créancier véritable. Celui qui avait le droit de réclamer le paiement n'a aucune action à exercer contre lui. Il pourra seulement répéter entre les mains de celui qui a été payé ce qu'il a reçu indûment. C'est pourquoi il est prudent que le tiers après son acceptation, ou le stipulant après la révocation, donnent au débiteur connaissance du parti qu'ils viennent de prendre. De cette manière le débiteur ne se libérera qu'entre les mains de celui qui est son créancier.

Si le stipulant use de la faculté de révoquer, que deviendra la charge stipulée au profit du tiers? Le stipulant pourra-t-il s'en appliquer le bénéfice à lui-même, ou l'attribuer à un autre dans une seconde libéralité, ou bien sera-ce le débiteur qui profitera de la caducité? Je crois qu'il est trois points certains qu'il faut mettre en dehors de la controverse. Quand la stipulation pour autrui intéresse principalement, bien que d'une manière indirecte, celui qui a fait le contrat, la révocation ne peut certainement avoir pour effet de le priver de la somme qui devait être versée dans son propre intérêt. D'un autre côté, la révocation et l'attribution de la charge au stipulant ou à un tiers ne peut avoir pour effet de l'aggraver. Une rente viagère a été constituée au profit de Paul, et le donateur s'en attribue le bénéfice, elle ne pourra continuer à exister après le décès de Paul. Enfin, lorsque la charge ne peut être transportée de la personne du tiers à la personne du stipulant, la révocation de la charge profiterait, par la force des choses au promettant lui-même. Ainsi la charge consiste dans une rente viagère, rente garantie par une hypothèque; le stipulant fait remise de l'hypothèque avant acceptation par le tiers, et déclare que le tiers n'aura pour faire valoir sa rente que l'action personnelle; l'hypothèque disparaît. (Cass., 27 déc. 1853. Sirey, 54, 1, 81.)

En dehors de ces trois points, il s'élève une controverse. Les uns veulent que le stipulant ne puisse révoquer à son profit la charge établie en faveur d'un tiers. Les conventions tiennent lieu de loi à ceux qui les ont faites; elles ne peuvent être modifiées que de leur consentement mutuel. (Art. 1134.) Cette opinion est généralement abandonnée. D'autres distinguent si le contrat est à titre onéreux, tel qu'une vente, ou s'il est à titre gratuit. Dans le premier cas, la charge constituant une partie du prix de vente, par exemple, prix à l'intégralité duquel le contractant avait droit, il est évident qu'en révoquant la stipulation pour autrui, le vendeur a cependant entendu être payé. Du reste, cette solution ne porte aucune atteinte aux droits du débiteur, qui n'a aucun intérêt à payer son prix à l'un plutôt qu'à l'autre. Au second cas, comme il est certain que le donateur n'a voulu se réserver aucun droit sur sa chose, il ne pourra faire la révocation à son profit. Enfin d'autres auteurs, et je suis de leur avis, pensent que dans le contrat à titre gratuit, comme dans la convention à titre onéreux, la révocation, en tant qu'elle n'aggrave pas la charge du débiteur profite au stipulant. Dans les deux cas, en effet, le débiteur n'a aucun intérêt à payer au tiers plutôt qu'au stipulant. Ce dernier n'a jamais voulu gratifier de la totalité de sa chose le donataire principal. (V. Grenoble, 9 août 1843. Sircy, 45, 2, 486.)

Enfin, ajoutons avec M. Larombière, que « si le stipulant venait à persister dans la révocation de la stipulation secondaire, dans un cas où il ne peut s'en appliquer le bénéfice, il ne pourrait évidemment pas, sous prétexte que la convention n'est pas exécutée, en poursuivre la résolution ou agir en répétition de l'indu. Si le contrat est inexécuté, ce n'est en effet, que par suite de la révocation qu'il a faite de la stipulation secondaire, et il ne lui appartient pas de se prévaloir d'une inexécution qui vient de son propre chef. » (Larombière, T. I, p. 119.)

CHAPITRE III.

Du tiers au profit de qui la stipulation peut être faite.

Quand un individu fait un contrat et veut dans une clause accessoire attribuer un droit à une autre personne, il faut que cette personne soit clairement désignée dans l'acte. Nous avons déjà vu que la stipulation pour autrui pouvait se dédoubler en deux contrats distincts, l'un entre le stipulant et le promettant, l'autre entre le stipulant et le tiers. Ce dernier contrat, bien qu'ayant une existence accessoire, doit réunir en dehors des conditions de formes toutes les qualités requises pour l'existence et la validité des conventions. Aussi nous exigerons que le tiers soit au moins conçu au moment de la stipulation. On ne concevrait pas une offre faite à un individu qui n'existerait pas; on ne contracte pas avec le néant. Peu importe que le tiers désigné soit né après le contrat et ait même accepté la stipulation faite à son profit. S'il l'accepte du consentement du stipulant, il pourra se faire qu'il acquiert encore un droit, mais ce droit ne sera pas celui qui était stipulé dans le contrat primitif. En un mot, il va se former au moment de la convention un contrat nouveau qui devra réunir toutes les conditions de forme requises pour sa validité, suivant la nature de l'acte qui intervient.

Ce principe a cependant été contesté dans un arrêt de la Cour de Rouen, arrêt important à plusieurs points de vue, et dont il est utile de rapporter l'espèce. Un sieur Georges Lebel, âgé de 27 ans, avait stipulé de la Compagnie *le Gresham,* moyennant une prime annuelle de 1,515, 50 la somme de 35,000 francs, payable ou à lui-même lorsqu'il aurait atteint l'âge de 50 ans, ou lors de son décès s'il survenait avant cet âge, à ses enfants, ou, à leur défaut, à ses héritiers ou ayants-droit. Il s'était encore réservé le droit de disposer pendant sa vie de la police d'assurance au moyen d'un simple endossement. Lebel mourut le 24 décembre 1874, laissant deux enfants dont l'un était né lors du contrat d'assurance, tandis que l'autre n'était pas encore conçu à cette époque. Galbrun, créancier du défunt, fit pratiquer une saisie-arrêt sur la somme de 35,000 francs, due par la compagnie, se fondant sur ce que cette somme faisait encore partie du patrimoine de Lebel.

Malgré ces circonstances défavorables aux enfants Lebel, la Cour de Rouen a décidé que la mort de Lebel avait rendu la créance exigible au profit des enfants, avant qu'elle ait reposé sur sa tête et soit entrée dans son patrimoine. Il est certain, dit-elle, que Lebel, par une épargne prélevée sur ses revenus annuels, avait entendu donner intact à ses enfants le capital de 35,000 francs, et les préférer à ses créanciers. (Rouen, 27 juillet 1875. Sirey, 77, 1, 394.) Je répondrai à cette dernière raison, avec M. Patinot, qui cependant admet la solution de la Cour de Rouen, que les intentions de l'assuré ne peuvent être exécutées qu'autant qu'elles n'aboutiraient pas à une violation de la loi. Or, dans l'espèce, cette violation existe puisque d'un côté on ne pouvait attribuer le bénéfice entier de l'assurance à l'aîné des deux enfants, et que d'un autre côté on ne pouvait le partager entre les deux frères, puisque le puîné ne pouvait avoir aucun droit, n'étant pas encore conçu lors du contrat. Aussi l'arrêt de la Cour de Rouen a été cassé. (Cass., 7 février 1877. Sirey, 77, 1, 399.) Il faut déclarer en principe que la disposition au profit des enfants à naître ne leur confère aucun droit sur la créance, et qu'ils ne peuvent la réclamer qu'en leur qualité d'héritiers. (Nîmes, 25 février 1880. Sirey, 80, 2, 327.)

Cet arrêt de la Cour de Rouen soulevait encore une autre difficulté. Lebel avait stipulé au profit de ses enfants, ou, à leur défaut, de ses héritiers ou ayants-cause. On aurait pu se demander, même si les deux enfants avaient été conçus à l'époque du contrat, si néanmoins ils avaient droit à la somme stipulée en dehors de leur qualité d'héritiers. Il arrive, en effet souvent, qu'on stipule pour ses héritiers ou ayants-cause d'une manière générale, et souvent les Cours d'appel ont eu à se prononcer sur la validité et les effets de cette clause. Pour donner une solution convenable à cette question, il faut distinguer plusieurs cas. Il peut se faire que le contractant ait stipulé pour ses héritiers actuels pour le cas où ils lui survivraient, ou pour ses héritiers légitimes ou pour ses héritiers testamentaires.

Dans le premier cas, c'est-à-dire quand on a stipulé pour ses héritiers actuels, à la condition qu'ils survivront à celui qui fait le contrat, l'acte est parfaitement valable. En effet, dans ce cas, il est facile de voir ceux que la loi appelle à la succession et de déterminer les tiers bénéficiaires. On agira surtout ainsi quand on stipulera pour ses enfants. Le stipulant veut alors, au moyen d'un contrat licite, leur créer une réserve à l'abri des revers de fortune. Il faudra examiner, quand une pareille clause se présentera, si les enfants ont été envisagés comme individus actuellement existants, ou comme héritiers, et la seconde interprétation sera souvent conforme à la volonté du stipulant. (Cass., 7 février 1877. Sirey, 77, 1, 399.) Mais il serait impossible d'objecter que, la disposition n'étant faite en leur faveur qu'à la condition de survie, la libéralité contenue le plus souvent dans cet acte serait nulle. La loi, qui défend toute donation révocable et par conséquent toute donation faite sous une condition dont l'accomplissement dépend de la volonté du donateur, n'a jamais interdit les donations conditionnelles, quand la condition est purement casuelle. « Acceptons comme un principe, dit M. Labbé, que la stipulation pour autrui ne peut avoir lieu qu'au profit d'une personne déterminée, existante et capable. Est-ce que la condition de survie fait évanouir ces qualités? Non. Pourquoi la stipulation pour autrui ne pourrait-elle pas être affectée d'une condition, c'est-à-dire d'une modalité quelconque de celles que les actes juridiques comportent? Cette clause a pour effet de rendre non pas la personne juridique incertaine, mais simplement conditionnel le droit conféré à une personne parfaitement déterminée et capable d'acquérir. » La condition de survie n'empêche donc pas un père d'appeler au bénéfice de la stipulation ses enfants actuellement existants. Les Cours d'appel jugeront, du reste, souverainement, quelle a été l'intention du contractant.

Il peut se faire que les enfants n'aient été désignés

que comme les premiers héritiers, ou même que la stipulation ait été faite au profit des héritiers d'une manière générale. C'est avec raison, selon moi, au moins en principe, que la Cour de cassation décidait en 1875 « que si, au lieu d'attribuer le capital à une personne déterminée, le stipulant se borne à dire que le capital sera payé lors de son décès à ses héritiers ou ayants-droit, ou à toute personne désignée par endossement, cette stipulation tombe non plus sous le coup de l'article 1121, mais de l'article 1122, et reste soumise à tous les modes de transmission établis par la loi; — qu'une indication vague et indéterminée des héritiers comme bénéficiaires du contrat, ne peut conférer un droit propre à des héritiers encore incertains, et que ceux-ci ne peuvent être appelés à recueillir le bénéfice de l'assurance qu'en vertu et dans les limites de leur vocation héréditaire, et avec les charges qu'elle impose. » (Cass., 15 juillet 1875. Sirey, 77, 1, 26.)

L'intention du contractant peut être aussi d'assurer un bénéfice à ses héritiers indépendamment de leur vocation héréditaire, pour le cas où ils ne se porteraient pas héritiers. Le pourrait-il dans l'état actuel de notre législation? Il résulte de ce que nous disions au commencement de ce chapitre, qu'il serait indispensable que les héritiers qui existeront au moment du décès aient été déjà conçus au moment du contrat. Sans cela ils ne pourraient venir qu'en vertu de l'article 1122. Même pour les héritiers déjà nés il s'est élevé une difficulté, et la Cour de cassation, dans plusieurs arrêts, semble exiger une condition nouvelle pour la validité de la stipulation. Il faut que le tiers bénéficiaire soit une personne actuellement certaine. Le mot *héritiers* supposant la vocation de personnes existant lors du décès du stipulant répugne à l'idée d'une personne déterminée; le cours du temps apporte des changements imprévus, et l'héritier aujourd'hui peut être un ascendant, demain ce sera un collatéral, et après demain un descendant. (Amiens, 30 déc. 1873. Sirey, 74, 2, 150. — Cass. 15 déc. 1873. Sirey, 74, 1, 199.)

A cette objection, la Cour de Colmar répondait par avance que « l'expression d'héritiers employée dans le contrat d'assurance n'a eu pour objet que de désigner les bénéficiaires du contrat dans leur individualité par une qualification qui ne pût laisser aucun doute; c'est-à-dire que les bénéficiaires devaient être les personnes qui, au moment du décès, seraient appelées d'*après la loi* comme héritiers, soit qu'ils acceptent soit qu'ils renoncent à la succession. (Colmar, 27 fév. 1865. Sirey, 65, 2, 337.) Il est certain que la personne du bénéficiaire sera nécessairement déterminée par un événement ultérieur, et qu'elle sera connue au moment où le bénéfice de l'assurance deviendra exigible. Dans ces conditions, on satisfait pleinement aux exigences de la raison et de la loi. N'est-il pas admis, par exemple, en matière de testament, que la personne du légataire est suffisamment désignée, quand, par suite d'un événement ultérieur, sa qualité doit être déterminée d'une manière certaine et inévitable. Il y a, dit-on, une différence entre les deux cas. Dans un testament il s'agit d'un légataire, c'est-à-dire d'un individu qui ne fait aucun contrat avec le testateur, et qui par conséquent acceptera après sa mort. Dans notre hypothèse, il s'agit d'une donation, d'un contrat qui doit être accepté du vivant même du donateur. Or, si jusqu'au décès du donateur, la personne du donataire est incertaine, comment peut-elle avoir accepté avant la mort du donateur, comment le contrat peut-il se former? Il est vrai que dans ce cas comme dans le premier, le plus souvent il n'y aura point acceptation de la part du bénéficiaire, et ce sera une cause de nullité de la stipulation. Mais est-il vrai de dire qu'il ne peut pas y avoir acceptation? Je n'en crois rien. Celui qui croira devoir être plus tard héritier désigné par la loi acceptera pour le cas où il serait encore héritier au moment de l'ouverture du droit. Il n'est pas nécessaire que le droit de celui qui accepte soit dès à présent certain, il suffit qu'il puisse exister un jour pour lui permettre de manifester une volonté efficace. Il est évident que dans ce cas le stipulant crée une réserve en faveur de ses héritiers et que ceux-ci peuvent même refuser la succession, et laisser mourir insolvable celui qui leur aura procuré un droit fort avantageux.

Dirions-nous la même chose dans le cas où le stipulant aurait désigné comme bénéficiaires ses héritiers légitimes ou testamentaires? Il faut répondre sans hésiter que non. Dans cette hypothèse, en effet, le stipulant ne fait pas sortir de son patrimoine au moment du contrat une valeur qu'il attribue à des personnes désignées plus ou moins étroitement. Il se réserve la faculté d'en disposer, et c'est en faisant l'attribution de son patrimoine qu'il donne en même temps vocation au bénéfice de la stipulation. Il y a là une connexité si intime qu'il est impossible de ne pas reconnaître que ce n'est qu'en qualité d'héritiers que les légataires pourront recueillir les sommes ainsi dues par les Compagnies d'Assurances.

Il existe encore un autre cas où le bénéfice de la stipulation demeurera dans le patrimoine, et par suite dans l'hérédité, malgré la volonté du stipulant. Cela arrivera surtout dans le cas d'assurance sur la vie : c'est quand l'assuré stipule en faveur d'un tiers, mais se réserve la faculté de changer le bénéficiaire et de transmettre la police à titre gratuit ou onéreux, comme on transmet une valeur quelconque du patrimoine. Cette clause, sur laquelle on a quelquefois cherché à asseoir la légalité des assurances sur la vie, suffira, d'après moi, pour rendre inefficace la désignation du tiers. Cependant c'est là une clause fréquente. En effet, si le père de famille songe à ses enfants, et veut assurer leur avenir en retranchant chaque année une partie de son revenu, il cherche non moins à faire un placement utile, et à se procurer du crédit, en se réservant de transmettre la police d'assurance suivant les modes ordinaires de la cession des créances. Il est impossible, dit la Cour d'Aix, de ne pas voir là un droit dont le patrimoine de l'assuré se soit enrichi.

Cependant cette Cour et plusieurs autres ont décidé quelquefois que le stipulant pouvait se réserver le droit de changer le bénéficiaire, et que néanmoins le tiers était toujours censé avoir été créancier, si en fait la désignation n'était pas changée. L'assurance, contrat onéreux et aléatoire, devient tantôt un titre de propriété personnel à l'assuré, ou un instrument de crédit, tantôt un acte de libéralité, suivant les effets qu'il produit à son décès ou pendant sa vie. (Rouen, 27 juillet 1875.) La Cour de Lyon développait déjà cette idée en 1867 dans l'arrêt suivant : « Considérant que vainement l'appelant argue des clauses particulières du contrat d'assurance, qui donnaient à l'assuré la faculté de résilier les conventions ou de céder à d'autres le bénéfice de l'assurance ; — qu'il en peut résulter uniquement que la veuve Bouvard ou ses enfants n'avaient, au moment de l'assurance, qu'un droit frappé d'une condition suspensive; — mais que l'événement du décès de l'assuré étant arrivé avant que celui-ci ait fait usage des facultés réservées par son contrat, la condition s'est évanouie, et le droit de la veuve Bouvard ou de ses enfants de se faire payer par la compagnie le montant de l'assurance, a existé purement et simplement à partir du jour du contrat. (Lyon, 2 juin 1863. Sirey, 63, 2, 202. — Comp. Colmar, 7 fév. 1865; Aix, 16 mai 1871. Sirey, 72, 2, 65. — Dijon, 3 avril 1874. Sirey, 76, 2, 319.)

Une pareille interprétation est évidemment contraire aux principes. Je ne nie pas que le stipulant ait eu l'intention de gratifier le tiers pour le cas où il ne disposerait pas, pendant sa vie, du bénéfice du contrat. Mais c'est là une convention qui ne peut produire aucun effet dans notre droit. La stipulation pour autrui constitue un contrat tantôt à titre onéreux, tantôt à titre gratuit. Sans doute, ce contrat peut recevoir une condition, mais pour exister, il faut qu'il lie celui qui s'oblige. (Article 1174.) D'un autre côté, la révocabilité est contraire à l'essence même des donations, sauf quand la donation a lieu entre époux. (Articles 894 et 944.) Il faut donc décider que la clause qui nous occupe rend nulle la stipulation pour autrui, et que le bénéfice du contrat reste dans le patrimoine du stipulant. C'est ce qu'a décidé la Cour de Lyon elle-même le 9 avril 1878. (Sirey, 78, 2, 320. — Comp. Cass., 20 déc. 1876. Sirey, 77, 1, 119, — et surtout Cass., 7 fév. 1877. Sirey, 77, 1, 399.) Ajoutons avec M. Labbé : « La justice exige à nos yeux impérieusement que le père de famille opte entre ces deux situations : s'il veut rester maître du capital, ce capital sera dans sa fortune et ensuite dans sa succession, à l'avantage de ses créanciers.

S'il préfère dans l'assurance ses enfants à ses créanciers, il faut qu'il se dépouille, qu'il se dessaisisse lui-même et confère un droit ferme et direct à ses enfants contre l'assureur. »

Le dernier arrêt de Cassation semble encore indiquer une autre cause qui rendrait nulle la clause au profit d'un tiers. « Attendu qu'il ne peut être contesté que le capital de l'assurance a fait partie du patrimoine de Lebel pendant sa vie, puisque, d'une part, il devait en profiter personnellement *s'il vivait jusqu'à l'âge de* 50 *ans,* et que, d'autre part, il s'était réservé le droit d'en disposer à sa volonté. » Est-ce à dire que par cela seul qu'on a fait un contrat d'assurance temporaire, c'est-à-dire une assurance qui doit produire ses effets en faveur de l'assuré lui-même, s'il vit jusqu'à un certain âge, le capital dû par la compagnie entre nécessairement dans le patrimoine de l'assuré, et que, s'il peut le transmettre à un tiers pour le cas où il mourrait avant l'âge fixé par la police, ce n'est qu'à titre de succession? Je pense que rien dans cette clause ne répugne aux principes du droit sainement entendu. Il y a dans ce cas une libéralité soumise à une double condition : 1° Condition de survie que nous avons précédemment reconnue compatible avec la stipulation pour autrui. 2° Condition que l'assuré n'atteindra pas un âge déterminé. Cette dernière condition ne peut avoir pour effet de vicier le contrat, puisque, d'un côté, elle ne présente rien d'immoral, et que, d'un autre côté, elle ne constitue point une condition potestative. Mais, dit-on, jusqu'à la mort du stipulant la créance était dans son patrimoine. Rien de plus faux. La créance était en suspens jusqu'à l'arrivée de la condition, et par suite de cette condition, elle aura toujours été dans le patrimoine du tiers, depuis la formation du contrat ou plutôt depuis l'acceptation par ce tiers.

Le tiers doit être non-seulement conçu et nettement déterminé, mais encore capable de faire l'acte qui intervient entre lui et le stipulant. Cet acte peut être à titre onéreux ou à titre gratuit. Dans le premier cas, il doit avoir la capacité, soit d'aliéner ses immeubles, soit de disposer de ses créances, soit de s'obliger personnellement. L'acceptation que le tiers non encore capable, ferait de la stipulation serait annulable. Dans le second cas, il faut que le tiers soit capable de recevoir à titre gratuit de celui qui stipule. Ainsi le père naturel ne pourrait faire une assurance sur la vie au profit de son fils naturel reconnu, si cette assurance dépassait la quotité que la loi lui permet de donner. Lorsque la donation résultant de la stipulation est sans aucune charge, elle peut être acceptée par le tiers lui-même, bien qu'incapable en principe, pourvu qu'il puisse donner un véritable consentement. Ainsi l'acceptation faite par un fou en dehors des intervalles lucides, ou par un enfant à qui on aurait fait prononcer machinalement quelques paroles, serait nulle. Dans ce cas, certaines personnes sont chargées d'accepter pour l'incapable.

On peut à ce propos poser une question assez curieuse. Lorsque c'est un père ou un tuteur qui stipulent au profit de leur fils ou pupille, peuvent-ils accepter pour eux le bénéfice résultant de la stipulation? Un acte de vente est passé devant notaires pour une somme de 29,500 francs; le même jour une contre-lettre rédigée en trois originaux déclare que cet acte n'est pas sérieux; que l'acheteur se constitue mandataire à titre gratuit des vendeurs et prend l'engagement de les faire profiter pendant leur vie et leurs enfants après leur mort du bénéfice excédant la somme de 29,500 francs. La même année, l'acheteur apparent fit donation aux filles des vendeurs, assistées de leur père acceptant pour elles, de certains immeubles dépendant du domaine vendu. C'était une exception à la contre-lettre. De là la question de savoir si les enfants mineurs avaient le droit d'invoquer la stipulation que la contre-lettre contenait en leur faveur, et s'il était au pouvoir du père d'anéantir ces droits. On prétendait que la stipulation n'avait pas été acceptée. La Cour décida que les vendeurs, père et mère, figuraient à l'acte pour eux et pour leurs enfants. L'assistance des parents, dit l'arrêt, ainsi que la délivrance d'un des originaux au profit des mineurs constituait une acceptation tacite de la libéralité. L'acquéreur, condamné à rendre compte aux enfants de toutes les sommes qu'il avait perçues par suite des ventes qu'il avait opérées, forma un pourvoi en cassation, parce que le stipulant ne pouvait tout à la fois donner et accepter pour le donataire. Le pourvoi fut rejeté par arrêt du 25 avril 1853. (Sirey, 53, 1, 488.) On pourrait dire, dans l'intérêt des enfants, que le père et la mère, étant intervenus à l'acte, le père avait pu accepter en tant que la donation émanait de la mère, et cette dernière pour toute la partie de la donation faite par le père. Mais le pourvoi aurait été fondé si le père seul était intervenu à l'acte. Je pense qu'une même personne, ne peut jouer dans un même acte, en deux qualités différentes, les deux rôles de promettant et de stipulant. Ce qui serait défendu dans une donation ordinaire ne peut être admis quand il s'agit d'une stipulation pour autrui, stipulation dispensée des règles de forme, mais non des conditions essentielles à la formation du contrat.

Ce que nous venons de dire ne pourrait être appliqué si c'était le promettant qui eût accepté une charge au profit de ses enfants mineurs. La Cour de Grenoble a bien décidé, à la vérité, que l'acceptation d'une donation à la charge de donner tant à chacun de ses fils, faite par le donataire principal, n'emportait pas de la part de ce dernier acceptation de la libéralité au profit de ses enfants. Mais il aurait pu faire cette acceptation dans une clause expresse et formelle, et la stipulation aurait produit son effet; car dans le contrat qui se forme entre le stipulant et le tiers, le promettant est complètement étranger. Aussi il peut intervenir, comme il le pourrait dans toute autre donation, pour sauvegarder l'intérêt de ses enfants mineurs. (Comp. Grenoble, 9 août 1843. Sirey, 45, 2, 486.)

Si le tiers est incapable, qu'arrivera-t-il? L'incapacité peut être établie dans l'intérêt de l'incapable lui-même, ou bien c'est une restriction à sa capacité naturelle, restriction dans l'intérêt public ou dans l'intérêt de certaines personnes. Dans le premier cas, l'incapable seul peut demander la nullité du contrat, et même après l'exécution par le promettant de sa dette. Le stipulant ne pourrait avoir aucun recours contre le promettant sous prétexte que, le contrat étant résolu, il n'a pas payé à son véritable créancier.

Lorsque l'incapacité est au contraire édictée contre l'incapable lui-même, le promettant, tiers relativement à l'acte intervenu entre le stipulant et l'incapable, pourrait-il refuser de payer en opposant au demandeur son incapacité? C'est un fils naturel qui va bénéficier, au delà de la mesure permise par la loi, d'une stipulation faite à son profit par son père dans un acte de vente. On a dit que dans ce cas l'acheteur était sans intérêt à opposer l'incapacité qu'il devait payer. Cette solution me semble découler de cette idée, que dans notre hypothèse l'incapacité est édictée dans l'intérêt de la famille légitime, et que les membres seuls de cette famille peuvent l'invoquer. Il faudrait par conséquent donner une solution différente si l'incapacité était édictée dans l'intérêt public. Par exemple, c'est un condamné à une peine afflictive et infamante perpétuelle qui est le bénéficiaire d'une stipulation. Le débiteur devrait alors se refuser à payer.

Dans le cas où le promettant ne peut invoquer la nullité, il faut cependant dire que, quand le stipulant ou les membres de sa famille dans notre hypothèse auront fait reconnaître l'incapacité du tiers bénéficiaire, et auront fait révoquer la stipulation faite à son profit, le promettant ne pourrait plus valablement se libérer entre les mains du tiers. Si le promettant avait payé avant que la nullité fût prononcée, le stipulant pourrait encore faire révoquer l'acte, et alors il agirait contre le tiers qui aurait reçu l'indu.

En cas d'incapacité ou de non acceptation par le tiers, on peut se demander ce que devient la stipulation. Quant à nous, nous donnerons les mêmes solutions que pour le cas de révocation avant l'acceptation du tiers. Si la charge est de telle nature que le bénéfice en puisse être reporté sur le stipulant, ce dernier profitera de la nullité ou de la non acceptation, sans toutefois que la charge puisse se trouver aggravée par ce changement. Si, au contraire, la charge constituait un bénéfice personnel au tiers qui ne peut se transporter au stipulant, c'est le promettant qui profite de la nullité et qui se trouve par ce fait libéré. Mais, dans aucun cas, le stipulant ne pourra demander la nullité de l'acte principal. M. Larombière cependant est d'un avis contraire; voici son opinion : « Je ne pourrais vous demander l'exécution de votre promesse puisqu'elle n'est d'une exécution possible qu'envers le tiers, et qu'en le faisant destituer de la libéralité que je lui avais faite, je fais tomber votre engagement dans un cas d'exécution impossible. Ce n'est pas que je vous en fasse véritablement la remise, et que vous profitiez ainsi de l'annulation de ma libéralité envers le tiers. Si je ne puis, en effet, faire exécuter vis-à-vis de moi votre promesse, j'ai du moins le droit de vous dire : Si vous êtes quitte envers le tiers, vous ne l'êtes pas envers moi. Vous aviez, d'après le contrat, certaines obligations à exécuter, vous ne l'avez pas fait. Il est vrai que j'en suis cause, mais je n'ai fait qu'exercer un droit légitime, et l'annulation de ma libéralité envers le tiers n'est pas susceptible d'assimilation avec un cas de force majeure qui puisse vous libérer. Payez-moi donc en équivalent ce que vous ne payez pas au tiers, autrement j'agirai *condictione ob causam dati causa non secuta;* je vous réclamerai ce que je vous aurai payé sans cause, ou mieux le contrat sera résolu pour le tout. » (Larombière, T. 1, p. 126.) Il semblerait qu'en écrivant ces lignes, le savant magistrat ait oublié qu'il n'est point permis à l'une des parties, même pour exercer un droit légitime, de changer seul la convention intervenue. De plus, je répondrai au stipulant : Si un cas fortuit m'empêchait d'exécuter ma promesse envers le tiers, je pourrais vous opposer cette fin de non-recevoir, et je ne le pourrais pas, quand c'est vous-même qui créez cette impossibilité d'exécution!

CHAPITRE IV.

Effet de la stipulation pour autrui.

SECTION PREMIÈRE.

Des droits du tiers bénéficiaire.

Lorsque la stipulation pour autrui est valable, d'après les principes posés dans les chapitres précédents, il faut se demander quels effets elle produira entre les différentes personnes intéressées à divers titres à l'exécution du contrat. Mais avant d'entrer dans les détails, il est nécessaire de bien délimiter le sujet.

Il arrive souvent que dans l'énoncé d'une obligation nous faisons entrer le nom du tiers sans vouloir pour cela lui attribuer un droit quelconque. Il est évident que, dans ces circonstances, nous seuls sommes créanciers et intéressés à l'exécution de l'obligation, le tiers ne pourra rien réclamer en vertu de ce contrat. C'est ce qui arrivera souvent dans le contrat d'assurance contre l'incendie quand le locataire aura fait assurer les risques locatifs. Je pense qu'il est exact de dire, avec presque toute la jurisprudence, que le locataire stipule dans son propre intérêt; « que son but dans un pareil contrat, dit la Cour de Lyon, est de se procurer, le cas échéant, une somme d'argent au moyen de laquelle il pourra faire face à sa responsabilité envers le propriétaire, édictée par l'article 1734; que rien ne peut faire supposer dans le silence du contrat, que le locataire ait voulu faire autre chose que suivre son intérêt, et qu'il ait voulu de plus gratifier le propriétaire non partie au contrat, en portant une stipulation au profit de celui-ci; qu'il est évident que la stipulation au profit du propriétaire n'aurait pu prendre ici naissance que si elle s'était ajoutée d'une manière particulière et expresse au moment du contrat. (Lyon, 27 déc. 1861. Sirey, 62, 2, 83. — Comp. Cass., 20 déc. 1859. Sirey, 60, 1, 25.)

Ce que le contrat ne fait pas par lui-même en règle générale, une clause expresse pourrait le faire et on pourrait, je pense, avec la Cour de Paris, décider que la faculté pour la compagnie de remettre les lieux en leur état primitif à la place de payer une indemnité, pourrait faire présumer la volonté chez les parties contractantes d'attribuer un droit spécial au propriétaire. (Paris, 13 mars 1837. Contra Cass., 20 déc. 1859.) Du reste, comme il s'agit là d'une question d'intention chez les parties, les Cours d'appel sont juges du point de savoir quelle portée il convient d'attribuer au contrat.

Il en sera ainsi chaque fois qu'une personne aura fait un contrat l'intéressant elle-même, bien qu'elle ait désigné dans le contrat un tiers comme devant en profiter. C'est ainsi que la Cour de Caen a décidé qu'un acheteur en stipulant de son vendeur qu'il céderait à un prix modique à une ville une portion de terrain contiguë à celle qu'il venait d'acheter, pour y établir une voie publique, n'avait, en aucune façon, entendu attribuer un droit quelconque à la commune. (Caen, 16 nov. 1847. Sirey, 48, 2, 716.)

Enfin, je puis désigner un tiers pour recevoir le prix d'une vente, par exemple, et cela sans vouloir lui attribuer aucun droit et pour éviter un double paiement du débiteur au vendeur, puis du vendeur à son propre créancier. Malgré l'acceptation de ce dernier, le vendeur et l'acheteur pourront toujours convenir que le prix sera payé à une autre personne.

Même dans les stipulations qui n'intéressent pas directement le stipulant, il faut distinguer si la charge insérée au profit du tiers est *in modo* ou *in conditione*. Ainsi je déclare vous donner ma maison si vous donnez 10,000 francs à Paul. Si la charge est simplement *in conditione*, il dépendra de vous de ne pas donner naissance au contrat de donation en votre faveur en n'accomplissant pas la condition à laquelle il est subordonné. Par conséquent, Paul n'aura aucune action ni directe ni indirecte. Si, au contraire, la charge est *in modo*, j'ai fait avec vous un contrat de donation valable dès son origine, et qui vous oblige à accomplir la charge que je vous ai imposée en faveur de Paul, qui aura une action pour vous contraindre à l'exécution de votre promesse. Cette distinction entre la condition et le mode dans la stipulation au profit d'un tiers, malgré son importance capitale, n'est pas nettement marquée dans l'article 1121, ou plutôt cet article paraît bien ne se rapporter qu'au seul cas où cette stipulation constitue un mode. Ajoutons qu'il faudra s'attacher non au sens strict des mots, mais à la volonté des parties.

Quand on se demande quels sont les droits du tiers dans la stipulation pour autrui, il faut supposer un contrat dans lequel nous avons envisagé autrui comme devant devenir créancier. De nombreuses controverses se sont élevées pour déterminer la nature et l'étendue du droit dont le tiers est investi par l'article 1121. Cette question a toujours été fort délicate et, dans l'ancien droit, les opinions étaient partagées en deux camps.

D'après certains auteurs le tiers aurait bien une action, mais ce ne serait pas une action directe. Il est vrai que déjà sous Dioclétien on accordait au tiers qui voulait se faire payer la charge imposée au donataire principal, une action utile, fondée sur l'équité, par une interprétation plus favorable du droit. Le nom même de cette action indiquait qu'elle était donnée en dehors des principes juridiques. En effet, une action véritable ne peut naître que contre celui qui s'est engagé. Or, dans notre hypothèse, le donataire principal ou plus généralement le promettant ne s'est chargé d'aucune obligation vis-à-vis du tiers bénéficiaire. Si, en droit, le tiers n'a aucune action, l'équité n'est pas suffisante pour en créer une. Le droit du tiers dérive d'une autre source. Le stipulant en faisant l'acte, et le tiers en acceptant, ont formé un contrat nouveau, se rattachant bien au contrat primitif, mais qui en est distinct dans ses éléments juridiques. Par ce contrat de donation ou autre, le stipulant s'engage envers le tiers à lui procurer un certain bénéfice. Le tiers devient donc créancier de celui qui a fait la stipulation pour autrui. Or, d'après le principe de l'article 1166, le créancier peut exercer tous les droits et actions de son débiteur, et ce débiteur, par le contrat principal, s'était acquis un droit contre une autre personne. En conséquence ses créanciers, au nombre desquels se trouve le tiers bénéficiaire, pourront exercer l'action contre le promettant, et se faire donner ce qui a été l'objet de la stipulation.

Cette théorie, qui a été développée par le savant professeur belge, M. Laurent, a l'inconvénient de rendre presque illusoire le droit du tiers, lorsque le stipulant est depuis tombé en faillite ou déconfiture. Exerçant les droits de son débiteur, il les exerce comme tout autre créancier, et doit subir le concours de tous ceux qui ont des droits contre le stipulant, débiteur commun. C'est ainsi que celui qui aura fait insérer une clause en sa faveur dans un contrat de vente, n'aura que les mêmes droits accordés aux autres créanciers. Mais, d'un autre côté, le tiers agissant en vertu de l'article 1166 pourra exercer les privilèges et hypothèques et les actions résolutoires qui appartiennent au stipulant, car c'est le stipulant lui-même qui est censé agir par son intermédiaire.

D'après la théorie de M. Laurent, la créance résultant de la stipulation pour autrui resterait toujours dans le patrimoine du stipulant. Cette théorie a été abandonnée par la majorité des auteurs et par la jurisprudence. On décide généralement que le promettant devient débiteur personnel et direct du tiers qui a accepté, et qu'à partir de ce moment la créance résultant de la stipulation entre dans le patrimoine du bénéficiaire. D'après un grand nombre d'arrêts, elle serait même censée n'avoir jamais été dans le patrimoine du stipulant.

Parmi les auteurs, il y a deux manières d'envisager ce résultat et d'expliquer la naissance de cette action directe. Il est important de bien distinguer ces deux théories, car suivant que nous adopterons l'une ou l'autre, la stipulation pour autrui produira des effets plus ou moins étendus. Au moment du contrat principal, disent les premiers, le stipulant devient créancier pour le tout; puis au moyen d'une clause accessoire il fait offre au tiers de lui céder tout ou partie de sa créance contre le promettant. La cession se trouve opérée par l'acceptation du tiers, qui devient créancier direct de tout ou partie du droit stipulé. Cette cession n'exige point la signification au débiteur, ainsi que cela est exigé dans l'article 1690. L'article 1121 a pour but de la rendre possible en dehors des formes ordinaires; ou plutôt la signification est faite par le créancier lui-même dans le contrat en désignant le bénéficiaire. La conséquence de cette théorie est que le tiers, cessionnaire du créancier principal, a les mêmes droits que ce créancier lui-même. Partant si ce créancier a une hypothèque ou un privilège résultant du contrat qu'il a fait, ces sûretés passent avec la créance entre les mains du tiers. Ce dernier pourra même, en cas d'inexécution de la convention, provoquer la résolution du contrat principal et rentrer en possession au moins d'une partie des biens qui ont été livrés au débiteur.

D'autres auteurs voient au contraire dans le droit du tiers contre le promettant un droit d'une nature spéciale et qui n'est point une délibation du droit qu'avait le stipulant. Par conséquent, si des sûretés sont attachées par la loi à la nature du contrat principal, elles sont personnelles au stipulant et le tiers n'a pas le droit de les invoquer. C'est ainsi qu'il ne pourra pas se prévaloir du privilège du vendeur pour faire exécuter par exemple une rente viagère, constituée comme condition d'une aliénation. Il ne pourra pas non plus demander la résolution du contrat principal pour cause d'inexécution des conditions, et rentrer dans un bien dont il n'a jamais eu la propriété, ni même la possession. Il est évident que le tiers aurait droit aux sûretés accessoires stipulées pour garantir l'exécution de la promesse au profit d'autrui. On ne voit pas pourquoi le stipulant pouvant faire naître au profit d'une personne une créance, ne pourrait stipuler pour elle des sûretés telles qu'une hypothèque ou un gage.

Enfin, signalons une doctrine intermédiaire défendue par MM. Aubry et Rau. Sans doute, le tiers n'aura pas le droit de demander la résolution d'une donation, par exemple; mais il pourra user du privilège établi par la loi au profit du vendeur. « Une pareille charge, disent-ils, est en effet partie du prix, dont l'intégralité se trouve garantie par le privilège du vendeur, aux droits duquel le bénéficiaire de cette charge se trouve virtuellement subrogé. L'opinion contraire conduirait à ce résultat que dans telle hypothèse donnée le privilège n'existerait pour personne. Il en serait ainsi notamment si le prix de vente consistait uniquement dans une rente viagère stipulée au profit d'un tiers, puisque dans ce cas le vendeur n'aurait aucune créance à faire valoir. » (Aubry et Rau, § 343 *ter*, note 30.) Je repousserai cette distinction. On ne voit pas pourquoi, si le droit du tiers résulte d'une subrogation virtuelle aux droits du stipulant, ce tiers ne serait pas subrogé aux droits du donateur afin de faire révoquer la donation pour inexécution des charges. Il faut être logique et admettre l'une des trois théories qui ont été exposées.

Je pense qu'il est impossible de considérer le tiers comme étant réduit à exercer les droits de son débiteur, c'est-à-dire, du stipulant. Le droit romain accordait déjà une action utile au bénéficiaire dans une donation avec charges, et cette action tendant à l'exécution de la clause ne dérivait aucunement du droit qu'avait le donateur de demander la résolution. Si déjà en droit romain le tiers avait une action propre, il est évident qu'en droit français nous devons d'autant plus lui reconnaître le même droit, que le législateur admet dans certains cas, la validité de la stipulation pour autrui. Il est vrai que l'article 1121 ne dit pas que le tiers ait un droit personnel contre le promettant, mais il me semble que quand le législateur validait la stipulation pour autrui, il la validait dans la forme où elle se présente ordinairement, et lui permettait d'atteindre le but que les parties se proposent quand elles insèrent une pareille clause dans un contrat. Cette dérogation à la règle générale, nous avons vu sa raison d'être, et nous avons constaté qu'elle n'était aucunement arbitraire.

Faut-il voir là une cession ou un droit d'une nature particulière ? La question est délicate. Néanmoins je pense qu'il convient de se ranger à la dernière opinion. La stipulation pour autrui, tout en formant une clause accessoire d'un contrat de vente ou de donation constitue un contrat d'une nature particulière ayant ses règles propres et des effets déterminés. Telle est l'idée qui nous a servi de guide jusqu'à présent. Le droit à une action ne dérive pas plus maintenant du droit du stipulant, que l'action utile créée par Dioclétien et Maximien ne dérivait du droit du donateur de demander la résolution *condictione ob causam dati, causa non secuta.* S'il est vrai de dire que l'idée de cession se trouve jusqu'à un certain point dans la stipulation pour autrui, puisque la créance, avant de passer dans le patrimoine du tiers, existe, ne fût-ce qu'un instant de raison, dans le patrimoine du stipulant, il ne faut pas exagérer cette idée. Lors de la formation du contrat principal, le donateur ou le vendeur stipulent pour le tiers directement, et ce dernier n'aura qu'à compléter par son acceptation le lien de droit qui va enchaîner le donataire principal ou l'acheteur. Seulement il faut ajouter que la stipulation pour autrui est doublée le plus souvent d'une stipulation au profit du contractant lui-même pour le cas où le tiers n'accepterait pas, et aussi pour le cas où le contractant voudrait révoquer la libéralité avant qu'elle ne soit définitivement formée. Il me semble donc plus juridique de dire que le tiers jouit en vertu de l'article 1121 d'un droit propre, d'une nature spéciale, droit créé directement par la loi dans les cas où elle permet la stipulation pour autrui, par exception au principe qu'il est impossible de devenir créancier au moyen d'un contrat dans lequel on n'a pas joué le rôle de stipulant. Nous dirons donc avec M. Larombière que le tiers a une action purement personnelle contre le promettant, à moins qu'on ait spécialement stipulé pour lui un droit de gage ou d'hypothèque. Il ne peut donc ni invoquer le privilège du vendeur, ni exercer l'action en révocation. Il arrivera peut-être dans certains cas que le privilège du vendeur ne prendra point naissance, parce que le vendeur ne se sera réservé aucun droit. C'est là un résultat qui ne peut nous faire reculer en présence de principes qui découlent de la loi. Il en serait autrement sans doute s'il y avait cession ou délégation d'une partie du droit du vendeur ou du donateur; mais alors nous ne serions plus dans notre sujet, car telle n'est pas certainement l'hypothèse dont l'article 1121 s'occupe. (Demolombe, T. 24, n. 256.) Il en serait encore autrement si le tiers, invoquant le contrat qui lie le stipulant à lui-même exerçait les droits et actions de son débiteur. Mais dans ce dernier cas, tout ce qu'il obtiendrait par ce moyen, il devrait, en cas d'insolvabilité du stipulant, le partager avec tous les créanciers de ce dernier.

Après avoir examiné quels sont les droits du tiers bénéficiaire, il faut se demander quels sont les droits du stipulant lui-même. Ce dernier peut avoir intérêt à l'exécution du contrat, pourra-t-il poursuivre le promettant pour qu'il accomplisse son obligation? Poser la question c'est la résoudre; du moment où le stipulant a intérêt au contrat, il a le droit de poursuivre le débiteur, car en stipulant pour autrui, il a stipulé pour lui-même indirectement. Débiteur de Paul, je stipule de vous dans un acte de vente, par exemple, que vous lui donnerez ce que je lui dois; j'ai voulu lui attribuer la qualité de créancier et il accepte, sans cependant me décharger de ma propre obligation. Puis Paul voyant que vous ne vous exécutez pas, me poursuit pour obtenir son paiement. J'ai le droit, à mon tour, de vous forcer à payer Paul si je n'ai pas encore payé, ou à me donner à moi-même le montant de la créance si j'ai dû le verser. Il faut même aller plus loin et dire que si Paul, dans ces circonstances, vous faisait remise de la dette, et prétendait néanmoins conserver sa créance envers moi, je pourrais vous poursuivre et vous forcer à me payer. Paul, en vous faisant remise, n'a pu vous promettre qu'une chose : ne pas vous poursuivre lui-même.

Dans le cas où le promettant manque à l'une de ses obligations, quels sont les droits réciproques du stipulant ou du tiers bénéficiaire de la clause? Le débiteur peut d'abord manquer à l'une des obligations que lui impose le contrat envers son co-contractant. Il est certain que ce dernier peut demander la résolution du contrat en vertu soit de l'article 1184, soit de l'article 953 du Code civil.

Faut-il donner la même solution quand c'est la charge au profit du tiers qui est inexécutée? M. Larombière (T. I, p. 123), distingue : ou bien la stipulation secondaire intéresse directement et principalement le stipulant principal, la résolution peut être poursuivie, parce que le mode a été imposé à son profit aussi bien qu'au profit du tiers, et qu'alors elle est fondée sur un intérêt juridiquement appréciable. Mais s'il n'a aucun intérêt à l'exécution de la charge envers le tiers, comme l'intérêt est la mesure des actions, il ne semble pas en droit de poursuivre pour cette seule cause la résolution du contrat : sans intérêt point d'action. Je pense qu'il faut repousser cette théorie et dire que dans tous les cas, si le débiteur n'exécute pas toutes les conditions du contrat, que ces conditions soient imposées en faveur d'un tiers ou du stipulant lui-même, celui-ci pourra demander la résolution du contrat. Les articles 1184 et 953 ne font absolument aucune distinction, et M. Larombière méconnaît, à mon avis, la base même sur laquelle repose la condition résolutoire : « Dans les contrats synallagmatiques, dit M. Demolombe, et cette explication est vraie jusqu'à un certain point dans la donation avec charge, l'obligation de l'une des parties étant la cause de l'obligation de l'autre, il en résulte que si l'une d'elle ne remplit pas son obligation, l'obligation de l'autre cesse, par cela même, d'avoir une cause, de sorte que la condition résolutoire tacite devient une conséquence logique des principes relatifs à la cause dans les obligations conventionnelles; et c'est bien sous cet aspect que les jurisconsultes romains l'avaient considérée dans les contrats innommés, en accordant à la partie envers laquelle le pacte n'était pas exécuté, une *condictio ob causam dati causa non secuta.* » (Demol., T. 25, n° 488.) Or, il est impossible de nier que la clause même insérée dans l'intérêt exclusif d'un tiers ait été, jusqu'à un certain point, la cause du contrat principal. Mais, dit-on, pas d'intérêt, point d'action; et le stipulant n'a aucun intérêt à l'exécution de la charge. Aussi n'est-ce pas cette exécution qu'il poursuit, mais bien la résolution du contrat, et il a un intérêt évident à cette résolution. Or, du moment où l'on a intérêt à exercer une action et que cette action trouve sa base dans les principes juridiques, on ne voit plus aucune raison qui puisse arrêter le procès. Du reste, le savant magistrat dont nous combattons la doctrine, laisse aux tribunaux un très-large pouvoir d'appréciation, pour reconnaître l'existence de l'intérêt du stipulant dans notre hypothèse. « Il faut reconnaître, dit-il, en faveur du stipulant, le droit de poursuivre la résolution du contrat, pour inexécution de la charge imposée au promettant de faire telle ou telle chose utile au public ou à des particuliers. » On ne peut guère raisonnablement demander autre chose.

Il faut ajouter que si le tiers avait fait remise de la charge, le stipulant ne pourrait plus, du moins en règle générale, demander la résolution.

Que devient la stipulation pour autrui en cas de résolution du contrat principal? Dans le cas où c'est une condition imposée en faveur du stipulant, qui est inexécutée, il faut, avec tous les auteurs, reconnaître au tiers bénéficiaire le droit d'exécuter lui-même la charge au profit du créancier et lui enlever ainsi la possibilité de poursuivre la résolution du contrat. Mais d'un côté, ce droit peut être onéreux pour lui, et, d'un autre côté, il ne lui sera d'aucune utilité au cas où c'est la charge introduite en sa faveur qui est inexécutée. Ne devrons-nous pas, en conséquence, lui accorder un droit plus étendu, et ne pourra-t-il point demander le paiement soit au stipulant, soit au promettant?

D'après certains auteurs, la résolution du contrat principal entraîne anéantissement de la stipulation pour autrui. De là deux conséquences : le promettant ne pourra plus être poursuivi, et s'il a déjà payé, il pourra répéter contre le tiers, parce que, autrement, le paiement aurait lieu ou a déjà eu lieu sans cause : d'un autre côté, le tiers, à moins qu'il ne puise ce droit dans un autre contrat, n'a aucune action contre celui par le fait duquel la résolution s'est opérée, car cette action ferait obstacle à ce que les parties fussent remises au même et semblable état qu'avant la convention; elle aurait même pour résultat indirect de faire produire effet à la stipulation accessoire.

Il me semble d'abord contraire aux saines notions juridiques de faire perdre au tiers, à qui on ne peut reprocher de n'avoir pas exécuté une charge qui ne lui était pas imposée, le bénéfice d'un contrat devenu irrévocable par son acceptation. Ainsi, non-seulement je n'accorderais pas au promettant le droit de répéter contre le tiers les sommes qu'il aurait déjà payées, puisque le tiers n'a reçu que ce qui lui était dû, mais ce dernier aura même le droit d'exiger dans l'avenir le paiement de la charge. On objecte que la charge n'est qu'un mode accessoire d'un contrat principal, que de même qu'elle n'aurait pu naître si le contrat principal ne s'était pas formé, de même elle ne peut subsister après la résolution de ce contrat. Il en serait certainement ainsi, dit-on, si le contrat principal, affecté d'une condition résolutoire vraiment casuelle, venait à être anéanti par l'arrivée de la condition. Oui, si les parties avaient entendu soumettre à la même condition la clause accessoire elle-même. Mais dans notre hypothèse, il n'en est plus de même. La cause de l'obligation envers le tiers ne peut plus être l'exécution de cette obligation elle-même ou une prestation quelconque envers le stipulant. Donc l'inexécution du contrat principal ne rend pas sans cause le droit du tiers, et par conséquent la base de la condition résolutoire fait défaut.

Contre qui le tiers aura-t-il le droit de demander l'exécution de la charge? Le conservera-t-il contre le promettant ou l'obtiendra-t-il contre le stipulant? D'après M. Laurent (Droit civil, T. 16, p. 650), ce ne sera plus jamais contre le promettant; le contrat principal tombant, il ne peut plus y avoir de promettant; la cause de l'obligation de ce dernier, c'est-à-dire la donation ou le contrat à titre onéreux, n'existe plus. D'après d'autres auteurs, il faudrait distinguer : ou bien le tiers a été mis en cause lors du procès en résolution du contrat, ou bien il ne l'a pas été. Dans le premier cas, s'il a conclu avec le stipulant à la résolution, le promettant est désormais déchargé. S'il a conclu au maintien et que la clause inexécutée soit précisément celle qui a été insérée à son profit, il est probable que les tribunaux ne prononceront pas la résolution. Si la clause inexécutée était au profit du stipulant, le tiers ne pourrait dans ce cas conclure au maintien du contrat; mais il pourrait demander à ce que la résolution ne soit prononcée qu'à la charge par le stipulant de remplir lui-même la promesse. Dans le second cas, l'instance en résolution est *res inter alios judicata,* par conséquent le promettant ne serait pas libéré personnellement envers le tiers.

J'admettrai très-bien, avec M. Demolombe, que si le tiers a été mis en cause et qu'il ait conclu à la résolution du contrat avec transport de la charge au stipulant, ce dernier sera désormais tenu, tandis que le promettant sera libéré de son obligation personnelle. Vis-à-vis du premier, en effet, la stipulation pour autrui est un véritable contrat, qui n'a d'accessoire que la place qu'il occupe dans une autre convention. Mais ne faut-il pas aller plus loin et dire que, soit que le tiers n'ait pas été mis en cause, soit qu'il ait été partie au débat, en demandant à conserver son débiteur, le promettant ne sera pas libéré envers lui. Nous avons en effet admis plus haut, que le tiers a, en vertu, de la stipulation un véritable droit de créance contre le promettant, droit qui n'est ni l'exercice des droits du stipulant, ni le résultat d'une véritable cession. Partant de ce point, il me semble impossible d'admettre que l'inexécution de ses obligations soit pour le promettant, une cause de libération envers une personne qui ne demande aucunement la nullité du contrat, base de son droit d'action. On dit que l'obligation du promettant devient sans cause. Cela ne me persuade pas; la cause de l'obligation est la promesse faite par le débiteur lors de la conclusion du contrat principal, promesse parfaitement valable à l'origine, et qui doit être exécutée envers le tiers. J'ajouterai avec MM. Aubry et Rau (§ 343 *ter,* note 31) que le principe que la révocation ou résolution d'un contrat, doit replacer les parties au même et semblable état ou elles se trouvaient avant sa formation, ne doit jamais être appliqué que sauf les droits acquis à des tiers du chef du demandeur en résolution.

Du reste les intérêts du promettant ne seront pas sacrifiés. S'il a déjà, lors de l'instance, payé tout ou partie de ce qu'il devait, il pourra le répéter au stipulant demandeur en résolution. S'il est encore exposé à une action de la part du tiers, il aura soin, lors de la liquidation de ses intérêts et de ceux du stipulant, de s'en faire tenir compte par ce dernier. Les tribunaux devront, au cas où ils ne se mettraient pas d'accord, ne pas perdre de vue les différents intérêts en jeu dans le procès.

SECTION DEUXIÈME.

Rapports entre le stipulant et le tiers.

La stipulation pour autrui constitue, nous l'avons établi, un contrat entre le stipulant et le tiers. De là naissent des rapports multiples entre ces deux personnes, rapports différents suivant la nature du contrat qui prend naissance. Ce peut être d'abord un contrat à titre onéreux. Je suis débiteur de Paul; dans une vente que je fais à Pierre, je stipule qu'il paiera 10,000 francs, montant de ma dette, à Paul mon créancier, qui accepte cette stipulation. Il se forme alors une véritable délégation. Pour régler les rapports que cette clause fait naître entre Paul et moi, il faut rechercher si la stipulation acceptée par le tiers constitue une novation. Si oui, je suis déchargé de ma dette, et Paul ne peut plus demander son paiement qu'à Pierre, débiteur du prix de vente; si non, je serai encore tenu personnellement et Paul aura deux débiteurs au lieu d'un seul. Pour savoir s'il y a novation, il faudra consulter les termes de l'acte, et appliquer l'article 1275; il n'y aura novation que si le créancier a expressément déclaré qu'il entendait décharger son débiteur qui a fait la délégation.

La stipulation pour autrui peut encore, bien que ce soit rare, constituer une offre en vue de former un contrat onéreux. Tant que le tiers n'a pas accepté il n'y a rien de fait, mais dès qu'il aura manifesté la volonté de profiter de la stipulation, le contrat projeté prendra naissance et le tiers se trouvera obligé à l'exécution des obligations qui rentrent dans la nature du contrat qui s'est formé. Je ne puis entrer dans les détails de ce sujet qui ne seraient autres que l'explication de presque tout notre droit civil.

Le plus souvent le contrat qui se forme est une donation. Dispensée des règles de forme comme accessoire d'un contrat qui est en lui-même dispensé, la donation résultant d'une stipulation pour autrui est soumise à toutes les règles de fond qui régissent les libéralités proprement dites. Je voudrais, avant de terminer ce chapitre consacré aux effets de la stipulation pour autrui, examiner les principales difficultés que soulève notre matière dans ses rapports avec les règles sur les donations.

Deux grandes questions se présentent au premier abord. La stipulation pour autrui sera-t-elle soumise aux principes du rapport et de la réduction ?

Tout héritier, dit l'article 843, venant à la succession doit rapporter à ses cohéritiers tout ce qu'il a reçu du défunt directement ou indirectement. En conséquence, la stipulation pour autrui constituant souvent une libéralité sera soumise au rapport. Il faut supposer bien entendu que le bénéficiaire n'en a pas été dispensé par une clause expresse. Malgré la formule générale qui soumet au rapport toutes les libéralités, plusieurs auteurs ont voulu soutenir que souvent dans la stipulation pour autrui, et principalement dans le contrat d'assurance sur la vie, il n'y aurait pas lieu à rapport.

On a d'abord dit : On ne doit rapporter que ce qui provient du patrimoine du défunt; or, dans la stipulation pour autrui le bénéficiaire ne reçoit rien du *de cujus*. En effet, les primes dans l'assurance sur la vie ou plus généralement ce que le défunt a fait sortir de son patrimoine est étranger au tiers, puisque c'est le promettant qui l'a reçu. Au contraire, ce que le tiers a touché, il ne le tient pas du stipulant, mais bien du promettant. Cette chose, objet de la stipulation, passe directement dans le patrimoine du tiers. Par conséquent aucun rapport n'est dû. Un semblable raisonnement n'est pas sérieux et méconnaît la base même du rapport aussi bien que les principes de la stipulation pour autrui. Le tiers bénéficiaire se trouve plus riche par suite d'un acte fait par le stipulant, qui, pour atteindre ce but, a dû faire un sacrifice. C'est bien au stipulant que le tiers doit ce qu'il a reçu.

La plupart des auteurs ont abandonné le raisonnement précédent, et ont dit : Soit, dans la plupart des cas, le bénéfice de la stipulation sera soumis au rapport; mais il arrivera souvent que par suite de règles particulières à certaines libéralités, le rapport ne sera pas dû. Pour obtenir le résultat qu'il désirait, le stipulant a pu faire l'abandon d'un capital, ou bien il a pu donner seulement une partie de ses revenus, que sans cela il eût dépensés *lautius vivendo.* « La loi n'impose pas au donataire héritier, dit M. de Caqueray (*Rev. prat.*, T. 16, p. 203), l'obligation de rapporter toutes les donations qu'il a pu recevoir. Elle veut que ces donations aient réellement diminué le patrimoine du défunt, et si une libéralité faite à un héritier présomptif porte sur des objets que le défunt eût dépensés, et qui n'auraient pas été dans la succession lors de l'ouverture, alors le rapport n'est pas dû. » Cet auteur ajoute qu'il appartiendrait aux cohéritiers de prouver que les primes annuelles ont été prises sur le capital.

Cette théorie ne me semble pas juridique et on peut dire d'abord qu'elle fait une distinction tandis que l'article 843 est général. Le but du rapport est de maintenir l'égalité entre les cohéritiers; or, cette égalité est rompue alors même que la donation aurait pour objet des revenus annuels. Autant dire que les actions, les immeubles même qu'un homme a achetés avec le montant de ses épargnes ne doivent pas être rapportées. Ce serait rétablir la distinction de l'ancien droit entre les propres et les acquêts, distinction effacée par notre Code civil. Cependant on invoque plusieurs textes. C'est d'abord l'article 852, qui dispense du rapport les frais de nourriture, d'entretien, etc.; et l'article 856, aux termes duquel les fruits et les intérêts des choses sujettes à rapport ne sont dus qu'à compter du jour de l'ouverture de la succession. A cela je réponds qu'en ce qui concerne l'article 852, il n'est d'aucun poids dans la controverse, puisque ces mêmes frais, eussent-ils été pris sur le capital, ne seront jamais rapportés à la succession. De plus, on peut dire qu'il y a peut-être là de la part du donateur l'exécution d'une dette naturelle, et qu'il n'y a pas libéralité. En ce qui concerne l'article 856, il faut remarquer qu'il ne parle point de revenus donnés, mais des revenus des choses données, et que par conséquent il est en dehors de la question. Du reste, est-il vrai de dire que la stipulation pour autrui dans cette hypothèse n'appauvrit pas le patrimoine du stipulant? Non, si l'on réfléchit que les primes ont été prises sur des économies qui, si elles n'avaient pas reçu cet emploi, auraient augmenté le capital. C'est la solution à laquelle s'est arrêtée la jurisprudence. (Besançon, 15 déc. 1869. Sirey, 70, 2, 201.)

Soumise au rapport, la stipulation est aussi sujette à réduction quand elle dépasse les limites de la quotité disponible. La loi défend à une personne qui a des enfants ou des ascendants, de disposer en faveur de tiers, au détriment de ces parents, de toute sa fortune; une certaine partie des biens est rendue par la loi indisponible. Mais il faut qu'il s'agisse d'un bien qui est sorti du patrimoine du *de cujus* et qui en est sorti à titre de libéralité. Là encore des auteurs ont prétendu que la donation de revenus se trouve en dehors des règles sur la quotité disponible. Outre les arguments précédemment exposés, ils invoquent encore deux textes du Code civil. L'article 928 décide que le donataire restituera les fruits de ce qui excède la quotité disponible à compter du jour du décès, si la demande est formée dans l'année, sinon du jour de la demande. C'est donc qu'auparavant les fruits pouvaient faire l'objet d'une donation; donc la donation de fruits échappe aux règles sur la quotité disponible. L'article 1527 fait encore une autre application de ce principe quand il déclare que les bénéfices résultant des travaux communs et des économies faites sur les revenus respectifs, quoique inégaux des deux époux, ne sont pas considérés comme un avantage fait au détriment des enfants d'un premier lit.

Je commence par écarter cette disposition qui a pour

but de régler les effets du régime de communauté, et qui, pour cela seul, est spécial à la matière qu'il régit. Cet article d'ailleurs a pour but de faire rentrer les économies faites sur les revenus dans le droit commun, en ce qui concerne les conventions matrimoniales, droit commun qui avait été écarté en faveur des enfants d'un précédent mariage, quand la confusion du mobilier et des dettes pourrait leur être préjudiciable. Cet article fait pour rentrer dans le droit commun ne peut nous autoriser à en sortir en dispensant, contrairement à la règle générale des articles 913 et suivants, les donations de revenus des règles sur la réduction. Quant à l'article 928, les auteurs, dont nous combattons l'opinion, confondent toujours les fruits des choses données, avec ce qui a fait l'objet de la donation. Il est certain que les intérêts des revenus donnés, des primes d'assurance ne seraient point soumis à la réduction. Mais il ne peut être permis à une personne, faisant des économies considérables, d'enrichir un tiers en créant au moyen de ces économies un capital important, tandis qu'il laisserait ses propres enfants dans la misère.

Donc, quelle que soit la nature de la dation faite dans la stipulation pour autrui, qu'elle consiste dans un capital ou dans une série de primes annuelles, la libéralité qui en résulte sera soumise aux règles du rapport et de la réduction. On peut se demander sur quoi portera le rapport et sur quelle somme sera calculée la quotité disponible. Dans la stipulation pour autrui, on peut abandonner une chose déterminée ou un capital pour procurer un capital ou une chose certaine; dans ce premier cas, il ne semble pas qu'il y ait eu controverse; la somme donnée est réellement celle qui est attribuée au tiers dans le contrat. Ainsi Jacques donne sa maison à Pierre pour que ce dernier cède tel immeuble à Paul. Si Jacques vient à mourir, Paul devra rapporter à la succession, s'il est héritier, la valeur de l'immeuble au moment du décès.

On peut encore donner un capital déterminé pour procurer au tiers une série de prestations périodiques, ou bien on peut s'engager à payer des primes annuelles afin de faire obtenir à une autre personne une somme fixe. Le premier cas est celui d'une constitution de rente viagère au profit d'un tiers, le second se rencontre surtout dans le cas d'assurance sur la vie. De nombreuses difficultés se sont élevées pour savoir quelle somme devait être rapportée et comment il fallait calculer la quotité disponible. Il y a dans ce cas un contrat aléatoire, qui devra en courir les chances. Trois opinions principales ont été soutenues. La première oblige à rapporter la plus faible des deux sommes; ce sera donc tantôt le prix payé par le stipulant, tantôt la somme reçue par le tiers bénéficiaire. D'après la seconde opinion, ce qui doit être rapporté c'est toujours ce dont le stipulant s'est dépouillé. Enfin la troisième, prenant le contre-pied de la précédente, décide que le rapport portera toujours sur la valeur reçue par le tiers.

La première opinion prétend s'appuyer sur les raisons mêmes qui ont fait établir le rapport et la réduction. Il faut que les héritiers retrouvent dans le patrimoine de leur auteur ce qu'ils y auraient trouvé si celui-ci n'avait pas voulu enrichir un tiers à leurs dépens. Par conséquent, la somme à remettre dans la succession par le bénéficiaire ne peut jamais être supérieure à ce que le stipulant a lui-même dépensé. Sans cela, l'acte fait par le père de famille, loin d'être préjudiciable aux héritiers réservataires, pourrait être pour eux la source d'un gain inespéré. D'un autre côté, du moment où le donataire remet dans la succession ce qu'il a reçu lui-même, il n'y a plus rien à dire. On ne saurait rendre le tiers responsable des chances mauvaises des opérations aléatoires faites par le défunt. Faisant l'application de ces principes aux assurances sur la vie, ces auteurs déclarent que si le montant des primes est inférieur au capital, les primes seules seront rapportées. Si, au contraire, le capital est inférieur à la somme des primes, la réduction ne portera que sur le capital.

Il me semble que ce système, malgré son apparence d'équité, ne satisfait point complètement la loi. Si la loi ne veut point que le donateur s'appauvrisse, il faudra toujours rapporter ce qui est sorti de son patrimoine; si, au contraire, comme je le pense, la loi veut que tout ce qui a été reçu à titre gratuit soit rendu aux héritiers à réserve, c'est le montant de la libéralité, c'est-à-dire tout ce que le donataire a reçu qui entrera dans le calcul de la quotité disponible. Il nous faudra donc choisir entre les deux derniers systèmes. Mais auparavant il importe de faire une remarque. Pour ceux qui voient dans la stipulation pour autrui une gestion d'affaires, l'objet de la donation ne peut jamais porter que sur les primes. Le contrat qui procure au tiers un certain bénéfice est un contrat qui est censé fait entre ce tiers et le débiteur. Pour arriver à le former, le stipulant a fait certains déboursés qu'il a le droit de réclamer au moyen de l'action de gestion d'affaires. S'il renonce à réclamer ce qu'il a payé, il donne cette somme à celui dont il a géré l'affaire; le patrimoine du tiers va donc se trouver enrichi de cette somme. Pour nous, qui avons repoussé ce système, cette manière de raisonner ne peut être admise, sauf dans les cas où, d'après les principes relatifs à ce quasi-contrat, les tribunaux jugeront qu'il y a eu non pas stipulation pour autrui, mais véritable gestion d'affaires.

Dans les cas où les parties ont fait en réalité une stipulation pour autrui, régie par l'article 1121, un certain nombre d'auteurs ont cru que le tiers n'était tenu de rapporter que le montant des primes annuelles payées par le stipulant pour procurer à ce tiers un certain bénéfice. En un mot, c'est ce qui était réellement sorti du patrimoine du donateur, qui devra être remis. Dans la stipulation pour autrui, en effet, le bénéficiaire reçoit directement du tiers, dont il est le créancier, la somme stipulée à son profit par le donateur qui ne l'a jamais eue à sa disposition.

Il faut repousser cette seconde opinion et dire que le donataire, dans la stipulation, rapportera ce qu'il a reçu, capital dans l'assurance sur la vie, arrérages successifs dans la rente viagère. On dit que ce qui est donné par le stipulant au tiers c'est ce qui a été déboursé. Il y a là confusion. Qu'on ne l'oublie pas, la stipulation pour autrui renferme deux contrats bien distincts, l'un à titre onéreux et aléatoire, le second à titre gratuit. Le premier se forme entre le stipulant et le débiteur, et quant à lui il ne peut aucunement être question de rapport ou de réduction, les contrats à titre onéreux n'y étant point soumis. Le second contrat se forme entre le stipulant et le bénéficiaire à qui est attribuée la somme dont le donateur s'était procuré la disposition au moyen du contrat aléatoire. C'est à ce second contrat seul que s'applique les principes de la réserve ou du rapport, et c'est la somme comprise dans ce contrat qui y est soumise. Ne peut-on pas dire, avec le tribunal de Lille, que ce capital assuré est l'œuvre du constituant et repose déjà en germe dans les primes versées! (Lille, 24 décembre 1868. Sirey, 69, 2, 217.) Ce raisonnement peut être fortifié par des analogies. J'ai vendu un immeuble et j'ai transporté la créance à titre gratuit à un tiers. La réunion fictive à la masse aura pour objet non pas la valeur de l'immeuble peut-être aujourd'hui très-différente, mais la somme invariable constituant le prix. Rapprochons-nous encore plus de notre hypothèse. J'ai un droit d'usufruit, je le cède, je le vends moyennant un prix que je délègue à un tiers dans l'intention de lui faire une libéralité. La somme qui doit faire retour à mon patrimoine pour le calcul du disponible, est le prix que ce tiers a touché et non pas la somme des revenus que comportait l'usufruit dont je me suis dépouillé.

Cette théorie a été appliquée à différentes reprises par la jurisprudence. Je me bornerai à citer un arrêt de la Cour de Besançon du 24 janvier 1876, arrêt confirmé par la Cour de cassation. (Sirey, 76, 1, 400.) Charles Busset avait assuré sa propre vie au profit des demoiselles Mayaudon. Il mourut peu de temps après laissant aux demoiselles Mayaudon la quotité disponible de ses biens. Pour établir cette quotité fallait-il comprendre dans la masse le montant des primes ou le capital assuré. La Cour de Besançon se range au dernier avis. « Considérant que la convention en vertu de laquelle Marie et Esther Mayaudon ont touché de la Compagnie d'Assurances générales la somme de 10,000 francs stipulée en leur faveur par le défunt, avait à leur égard le caractère d'une véritable libéralité; qu'en effet, si la convention dont il s'agit était à titre onéreux entre lui et la compagnie, elle n'en constituait pas moins un contrat de bienfaisance au regard des deux personnes auxquelles Charles Busset assurait, à titre gratuit et pour le moment de son décès, le bénéfice de la stipulation personnelle; que l'article 1121 du Code civil doit se combiner avec les articles 913, 920 et 922 dont les termes généraux et absolus n'admettent d'autres exceptions que celles qui sont précisées par la loi; considérant d'un autre côté que, faute d'acceptation, Charles Busset restait libre de révoquer sa libéralité ou d'en attribuer le bénéfice à un tiers; qu'il l'avait même réservée éventuellement à ses héritiers; que la disposition faite par lui en faveur des demoiselles Mayaudon portait sur le capital lui-même et non sur la prime qu'il s'était obligé de payer à la compagnie. » (Comp. Besançon, 15 déc. 1869. Sirey, 70, 2, 201. — Montpellier, 15 déc. 1873. Sirey, 74, 2, 81. — Cass., 10 nov. 1874. Sirey, 75, 1, 107. — Rouen, 6 fév. 1878. Sirey, 78, 2, 272. — Paris, 26 nov. 1878. Sirey, 79, 2, 44.)

SECTION TROISIÈME.

Droits des créanciers du stipulant.

Si la loi française permet à certaines conditions à une personne de prendre en main les intérêts d'autrui, c'est à la condition de ne point porter atteinte aux droits que ses créanciers peuvent avoir sur son patrimoine. Lorsque le débiteur fait un acte en fraude des droits de ses créanciers, ceux-ci peuvent exercer l'action Paulienne, afin de faire rentrer dans leur gage une valeur qui n'aurait jamais dû en sortir. La stipulation pour autrui est-elle susceptible de donner naissance à l'action Paulienne? L'affirmative est évidente pour nous qui avons admis comme base de la validité de la stipulation pour autrui un sacrifice fait par le stipulant en vue d'acquérir à un tiers un bénéfice déterminé.

Quelles seront les conditions d'exercice de cette action accordée aux créanciers? Si la stipulation pour autrui a pour effet d'opérer une délégation, c'est-à-dire un paiement qui libère le débiteur commun, cet acte ne peut être attaqué. Il est admis généralement que le paiement ne peut jamais être fait en fraude des créanciers. Du reste, le paiement est un acte à titre onéreux, et on exige que le tiers soit *conscius fraudis*. Cette condition ne se rencontrera jamais; il n'y a aucune fraude à recevoir son paiement, même quand on sait que son débiteur est insolvable.

Mais il peut arriver que la stipulation pour autrui ne constitue point une délégation; dans ce cas, l'action Paulienne est admissible en principe. La stipulation pour autrui renfermant deux contrats distincts, il apparaît à première vue que la fraude peut exister à l'égard de l'un sans exister à l'égard de l'autre. Le contrat principal peut être fait en fraude des créanciers, et le débiteur avoir très-bien su en contractant qu'il créait ou augmentait son insolvabilité. L'action Paulienne pourra, dès lors, être exercée s'il s'agit d'un acte à titre gratuit; dans un acte à titre onéreux nous exigerons la fraude du co-contractant, du promettant. Il peut arriver que dans ce cas la stipulation pour autrui proprement dite échappe à l'action des créanciers, parce que c'est un acte à titre onéreux et que le tiers bénéficiaire n'est pas *conscius fraudis.*

Le contrat principal peut échapper à l'action Paulienne, tandis que la stipulation pour autrui sera résolue en vertu de l'article 1167. Cela arrivera souvent quand la stipulation pour autrui constituera une véritable libéralité. S'il y avait acte à titre onéreux il faudrait la fraude du tiers. Il résulte des développements que nous avons donnés sur la stipulation pour autrui, que c'est au moment de l'acceptation par le tiers que le contrat se forme; il suffit donc qu'à ce moment existe la fraude ou connaissance qu'a le stipulant de son insolvabilité.

C'est surtout en matière de faillite que nous trouvons l'application de ces théories. En matière commerciale, la cessation des paiements produit les mêmes effets que l'insolvabilité constatée du débiteur commun. La loi même dans ces cas, se montre plus sévère en établissant la présomption, que tous les actes faits par le failli depuis un certain délai ont été frauduleux, et en annulant ces actes au profit de la masse, toujours s'ils sont à titre gratuit, à certaines conditions, s'ils sont à titre onéreux. Sans entrer dans les détails, je ferai remarquer que souvent le contrat principal devra être maintenu, tandis que la clause accessoire tombera sous l'application des articles 446 et 447 du Code de commerce. En effet, bien souvent ces deux actes ne remontent pas juridiquement à la même époque, entre le premier et le second, peut se placer la cessation des paiements.

Il arrive quelquefois qu'un acte à titre onéreux sera annulé, lorsque fait par un individu insolvable, mais non commerçant il serait maintenu. Je veux parler de la délégation résultant de la stipulation pour autrui. Remplissant le rôle du paiement, elle est inattaquable en droit civil, mais en droit commercial elle sera annulée relativement à la masse, souvent parce qu'elle aura pour effet d'éteindre une dette non encore échue, toujours parce qu'elle constituera un paiement fait autrement qu'en espèces ou effets de commerce.

On a quelquefois objecté que la stipulation pour autrui ne rentrait pas dans les termes de l'article 446, parce qu'il n'y avait pas aliénation de propriété au profit du tiers, celui-ci devant recevoir une chose qui n'a jamais fait partie du patrimoine du failli. Nous ne nous arrêterons point à réfuter cette objection qu'on voulait déjà nous faire, pour écarter le rapport ou la donation en matière de donation. Disons avec la Cour d'Alger, « que si aux termes de l'article 943, la donation ne peut comprendre que les biens présents du donateur, il est de principe que sont rangés dans les biens présents, non-seulement ceux actuellement possédés par le donateur, mais ceux qui lui sont acquis quoique non possédés, même ceux qui lui adviendront un jour par l'effet d'un titre existant au moment de la donation. » (Alger, 15 juin 1876. Sirey, 79, 2, 292.)

Quels sont les effets de l'action Paulienne? Trois cas peuvent se présenter. Ou bien l'acte principal et la clause accessoire sont entachés de fraude, et alors ils sont résolus tous les deux en ce qui les concerne. Ou bien un seul de ces actes est frauduleux, et si c'est le contrat principal, lui seul est annulé dans l'intérêt de la masse. Mais cette résolution n'entraînera pas l'anéantissement de la stipulation pour autrui, qui produira tous les effets qui rentrent dans sa nature. Le bénéficiaire obtiendra certainement contre le stipulant, le droit de demander l'exécution de la charge, droit qu'il conserve du reste contre le promettant, sauf à celui-ci à se faire tenir compte de cette obligation par les créanciers du stipulant, lorsqu'on liquidera les droits respectifs de chacun.

Il peut se faire que la clause au profit d'autrui soit frauduleuse, et les créanciers obtiendront la nullité de cet acte. Pour nous, cette nullité aura pour effet de faire passer la créance résultant de la stipulation du patrimoine du tiers dans le patrimoine du failli. Cependant là encore des auteurs, faisant une analyse incomplète du contrat, et prétendant s'appuyer sur la raison d'être de la loi, ont dit que c'était seulement ce qui était sorti du patrimoine du failli qui devait y rentrer. C'est, en effet, ce qui arrive dans tous les cas où les créanciers font annuler un acte frauduleux. S'agit-il d'une vente, le prix ne pourra être touché, mais la chose vendue redeviendra le gage des créanciers. Est-ce un paiement, la dette continuera à subsister, mais la chose donnée en paiement retournera à la masse. De même dans la stipulation pour autrui, il est juste de faire rentrer dans le patrimoine du failli, ce qui en est sorti seulement, et faire considérer l'acte comme n'ayant pas été fait. Je prends le cas d'une assurance sur la vie. Les primes doivent rentrer dans la masse, et comme le contrat principal demeure, et qu'en conséquence la compagnie n'aura pas à restituer elle-même, le tiers bénéficiaire les restituera et pourra ainsi faire tomber la poursuite des créanciers.

Cette opinion est contraire à la théorie même qui nous a servi de base dans tous nos raisonnements. Oui, c'est bien l'acte frauduleux qui doit être annulé, considéré comme n'existant pas. Mais cet acte c'est la clause en faveur d'autrui elle-même, et ce qui rentre dans la masse c'est ce qui a été attribué au tiers qui est aussi étranger au premier contrat et par conséquent aux primes versées, que si la créance à son profit avait été obtenue sans bourse délier. C'est, du reste, la seule manière équitable d'appliquer l'article 1167. « On soutient vainement qu'il est peu équitable que la masse puisse profiter des sommes qui réellement ne sont pas sorties du patrimoine du failli; qu'en effet si, par suite de la mort de l'assuré survenue peu de temps après le contrat, l'acquisition du capital d'assurance a été avantageuse, le prolongement de son existence pouvait la rendre onéreuse à la masse qui supportait alors le paiement des primes; qu'il est juste que dans un contrat aléatoire ce soit celui qui supportait les risques qui en retire aussi les bénéfices, et que les créanciers, victimes des actes frauduleux ou imprudents du failli, profitent tout au moins des opérations avantageuses qu'il a pu faire. (Trib. de Bône, 3 nov. 1875. Sirey, 79, 2, 292.)

J'en aurais fini avec cette question, si je n'avais à examiner avec la jurisprudence les droits de la femme du failli résultant d'une stipulation faite à son profit par son mari. La présomption légale est que les biens acquis par la femme du failli appartiennent à son mari, ont été payés de ses deniers, sauf à la femme à faire la preuve contraire. Voilà pour les biens acquis à titre onéreux. Quant aux donations faites à sa femme, par contrat de mariage, par un mari commerçant, ou qui l'est devenu dans l'année de la célébration du mariage, si à cette époque il n'avait aucune profession, elles ne peuvent être réclamées par la femme dans la faillite du mari. De ces deux dispositions, la jurisprudence a tiré le principe que sont nulles les donations faites à sa femme par un mari commerçant et depuis la célébration du mariage. La loi a voulu éviter par là qu'un commerçant, sur le point de faire faillite, ne se réserve une certaine aisance, après avoir ruiné ses créanciers, en donnant tout ou partie de ses biens à son épouse. Les créanciers sont alors dispensés de prouver la fraude de leur débiteur.

Quand le mari fait pour sa femme une stipulation accessoire à un acte qu'il fait pour lui-même, la femme retire de cet acte un bénéfice à titre onéreux si, pour l'obtenir, elle a dû débourser quelque chose, le plus souvent à titre gratuit, la femme ne donnant rien en échange. Dans le premier cas, la stipulation ne sera maintenue que si la somme, abandonnée par la femme pour se procurer le bénéfice de la stipulation, provenait de biens à elle appartenant lors du mariage ou lui étant échus à titre de succession ou donation et, si l'origine des deniers était constatée par un acte authentique. Au second cas, la femme, nous dit la loi, n'a aucune action pour réclamer sa créance contre la faillite.

Dans tous les cas où la stipulation tombe sous l'application des articles 559 et 564 du Code de commerce, que devient-elle? Pour nous, l'acte est nul relativement à la masse, en ce sens que les biens acquis à la femme par la stipulation doivent être réunis à l'actif du failli, et que si la femme ne les a pas encore touchés, elle n'aura aucune action pour se les faire donner. Dans l'assurance sur la vie, à propos de laquelle la jurisprudence a dû se prononcer plusieurs fois, ce que la femme devra restituer, ce ne sont pas les primes, mais le capital si elle l'a déjà touché, sinon la créance passera dans le patrimoine du failli.

Ce résultat, qui découle logiquement des articles 559 et 564 du Code de commerce, soit qu'on envisage la stipulation comme une gestion d'affaires, soit qu'on lui donne la même base que nous, a cependant été contestée par un savant professeur de l'école de Paris. Appliquer à la lettre ces dispositions, c'est en fausser l'esprit. « Un commerçant, dit M. Labbé, doit employer ses capitaux à augmenter sa fortune, non à faire des acquisitions pour sa femme, ce qui sent la fraude. Le mari aurait pu faire l'acquisition pour lui, c'est le point de vue auquel se place le législateur. La réparation consiste à reporter au mari l'opération telle qu'elle a été faite. Dans un contrat d'assurance la situation est tout autre. Est-il régulier, est-il moral qu'un commerçant songe, en temps de prospérité, à assurer un capital sur sa tête au profit de sa femme? Oui. L'emploi qu'il fait, dans ce but, de ses bénéfices pour l'acquittement des primes est-il susceptible de blâme? Non. Un commerçant est-il tenu d'assurer sa vie au profit de ses créanciers? Non. Cela posé, peut-on prêter au législateur cette intention : L'opération aurait dû être faite et s'exécutera au profit des créanciers? Non; mais uniquement cette pensée : L'opération maintenue telle quelle, les créanciers ne doivent pas en souffrir. » (Note de M. Labbé dans Sirey, 80, 2, 249.)

Ce n'est pas la première fois qu'on tente de faire sortir du droit commun, grâce aux avantages qu'elles présentent, les assurances sur la vie et même les stipulations pour autrui. Le raisonnement sur lequel on s'appuie est faux. Le fondement sur lequel s'appuie le législateur pour annuler un acte n'est pas une fraude prouvée, mais, suivant moi, une présomption de fraude *juris et de jure*, n'admettant pas la preuve contraire; dès lors, peu importe le caractère de bonne foi et d'honnêteté qui semble présider à ce contrat. Si du reste le commerçant n'est pas tenu d'assurer sa vie au profit de ses créanciers, il doit, comme le reconnaît l'éminent professeur dont je viens de citer un passage, employer ses capitaux à augmenter sa fortune, gage de ses créanciers, et non à faire des placements pour sa femme. S'il a fait, au profit de celle-ci, une assurance, cet acte, bien que ne rentrant pas dans le cercle ordinaire des opérations commerciales, est néanmoins saisi par la loi et remis dans le patrimoine du failli à défaut de spéculations plus avantageuses. En cas de vente ou d'échange, c'est le bien acquis en échange qui doit être compris dans l'actif de la faillite; il n'est pas ordonné que la femme rende le prix ou la valeur du bien donné en échange. L'analogie veut donc que ce soit le capital stipulé et non ce qui a été versé par le failli, qui soit remis dans l'actif de la faillite. C'est la solution qui a récemment prévalu devant la Cour de cassation. « Si, aux termes de l'article 564 du Code de commerce, la femme ne peut exercer dans la faillite du mari aucune action à raison des avantages portés au contrat de mariage, elle ne peut, à plus forte raison, *se prévaloir des libéralités* que le mari lui aurait faites pendant le mariage. (Cass., 2 mars 1881. Sirey, 81, 1, 145.)

CHAPITRE V.

La stipulation pour autrui dans ses rapports avec les différents régimes matrimoniaux.

Les règles sur la stipulation pour autrui, surtout en matière d'assurance sur la vie et de rente viagère, ont fait naître de nombreuses difficultés en ce qui concerne les différents régimes matrimoniaux. Je n'envisagerai que les principales questions que fait naître l'assurance sur la vie; les règles que je donnerai à ce sujet devront s'appliquer aux autres cas de stipulation pour autrui.

La stipulation peut avoir été faite avant ou après la célébration du mariage. Dans le premier cas, l'acceptation peut être elle-même antérieure ou postérieure au mariage. Rappelons que si elle est postérieure, elle devra au moins précéder la mort du stipulant. Nous avons donc à examiner la stipulation pour autrui dans les trois hypothèses précédentes. Cette stipulation fait naître deux sortes de rapports juridiques; elle donne naissance à une créance, mais comme fondement de sa validité, elle repose soit sur une dation opérée, soit sur une obligation contractée.

Que devient la créance résultant d'une stipulation pour

autrui quand le bénéficiaire vient à contracter mariage? Dans les trois régimes autres que celui de communauté, la créance reste propre à celui qui l'avait dans son patrimoine au moment de la célébration du mariage. Au contraire, s'agit-il du régime de communauté, si c'est une communauté réduite aux acquêts, le bénéfice de la stipulation reste propre à l'époux, au profit de qui le contrat a été passé. Si c'est une communauté légale ou conventionnelle, mais non réduite aux acquêts, la créance résultant de la stipulation pour autrui entrera-t-elle en communauté? Poser la question d'une manière aussi générale c'est la résoudre. Tout bien mobilier, appartenant à l'un des époux antérieurement au mariage, tombe en communauté. Cependant ce résultat a été contesté en ce qui concerne l'assurance sur la vie. Un nommé Routier avait contracté au profit de la demoiselle Gavelle une assurance sur la vie, puis il épouse la dite demoiselle et se marie sans contrat. Il tombe en faillite et le syndic réclame comme appartenant à la masse le capital de l'assurance tombé en communauté en vertu de l'article 1401. La Cour de Paris, par un arrêt du 4 juin 1878, repousse la demande du syndic, parce que la créance du capital avait toujours appartenu à la défenderesse la veuve Routier. La Cour s'appuie sur ce double motif que Routier avait entendu attribuer à la demoiselle Gavelle un avantage personnel qui ne pouvait tomber en communauté, et que l'éventualité, créée par le contrat, n'avait pu produire d'effet utile qu'à partir de la dissolution de la communauté. Laissons de côté ce dernier motif qui n'a aucune importance, car il est peu intéressant de savoir à quel moment est reportée l'exigibilité du droit, fût-ce à une époque postérieure à la dissolution du mariage. Il suffit que la créance existe pour qu'elle tombe en communauté.

L'arrêt de la Cour de Paris peut-il se motiver sur ce fait que Routier, bien que cela paraisse peu vraisemblable, avait fait à la demoiselle Gavelle une donation, à la condition que cette donation ne tomberait pas en communauté si la donataire venait plus tard à se marier? Plusieurs l'ont pensé et la Cour de cassation ajoute, en rejetant le pourvoi, que la volonté du donateur peut résulter de la nature de l'objet donné, que, par conséquent, dans une stipulation pour autrui d'une rente viagère ou d'une somme déterminée, l'intérêt du bénéficiaire étant le seul motif qui a poussé le stipulant à contracter, il a entendu que, quels que soient les événements postérieurs, le tiers seul aurait droit au bénéfice de ce contrat. Il me semble que déduire une pareille conséquence de l'article 1121, c'est non pas interpréter la loi, mais la créer. Il faut une déclaration du donateur, le stipulant dans notre matière; en dehors d'une déclaration plus ou moins formelle, le principe général exige que la créance, résultant de la stipulation, tombe en communauté. (Comp. Cass., 10 novembre 1879. Sirey, 80, 1, 337.)

Pour procurer à un tiers le droit à un capital, le stipulant a dû faire une dation ou prendre un engagement. Le premier cas est sans difficulté, puisque la dation étant opérée avant le mariage, elle ne peut être à la charge de la communauté. S'il s'agit d'un engagement, il peut consister dans l'obligation de payer une somme déterminée en une ou plusieurs fois, ou bien une série de prestations périodiques, telles que les primes dans une assurance sur la vie. Il importe peu de faire cette distinction dans la communauté légale, puisque toutes les dettes antérieures au mariage tombent en communauté. Il en est autrement dans la communauté réduite aux acquêts. Sous ce régime, les dettes de chacun des époux leur restent propres. La difficulté vient de l'article 1409 3°, aux termes duquel la communauté se compose passivement des arrérages et intérêts des dettes personnelles aux deux époux, article que tout le monde applique à la communauté réduite aux acquêts. Si donc le paiement consiste dans la prestation d'une somme déterminée à l'avance, la dette reste propre au stipulant.

Que décider si la dette consiste en une série de prestations faites à époques périodiques? Ces prestations rentrent-elles dans les termes de l'article 1409 3°? Oui, a-t-on dit; car si le stipulant était créancier d'une rente viagère, les arrérages de cette rente entreraient dans l'actif de la communauté. Sans insister sur la différence entre ces deux situations, au point de vue des dangers qui en résultent pour le conjoint, je ferai remarquer qu'il suffirait à une personne qui va se marier, pour se créer une fortune aux dépens de son conjoint, de contracter une assurance sur la vie. Du reste, à un point de vue théorique, les primes ou versements périodiques peuvent-ils être assimilés à une rente viagère? La loi, peut-être à tort, et certainement contre la réalité des choses, a considéré la rente viagère comme une créance dont les arrérages forment les fruits civils. Il me semble impossible de considérer ainsi les primes. Pour faire une stipulation pour autrui, le contractant a dû s'engager à payer soit une somme fixe, soit plusieurs sommes à des époques déterminées à l'avance. En faisant les versements, le stipulant ne paie point les arrérages ou intérêts de sa dette, mais il acquitte à chaque paiement une dette antérieurement contractée, et qui, à ce titre, ne doit point tomber dans la communauté réduite aux acquêts.

Que devient la stipulation quand l'une des parties vient à se marier entre la formation du contrat principal et l'acceptation du bénéficiaire? Pendant cet intervalle, le second contrat n'étant pas encore formé, c'est le stipulant qui est créancier d'une chose mobilière la plupart du temps. S'il se marie sous le régime de la communauté légale, la créance tombe en communauté. Est-ce à dire que la stipulation pour autrui ne pourra plus produire d'effets? Cela dépend; si c'est le mari qui était stipulant il pourra, par une nouvelle libéralité soumise aux formes ordinaires, disposer en faveur du bénéficiaire de la créance résultant de la stipulation. Si au contraire c'était la femme, elle ne pourrait seule faire revivre le contrat qui allait se former. Il lui faudra pour cela le concours de son mari. Et même dans une certaine opinion, que nous aurons du reste bientôt à combattre, la femme, même autorisée de son mari, ne pourrait faire revivre la libéralité au profit du tiers, le mari seul ayant la disposition des biens mobiliers tombés en communauté. Lorsque c'est le bénéficiaire qui contracte mariage, son droit n'est pas perdu; tant que la stipulation ne sera pas révoquée il pourra toujours manifester sa volonté. Mais les effets produits par le contrat pourront être différents en ce qui concerne la composition de la communauté réduite aux acquêts. Ces effets seront du reste les mêmes que ceux produits par la stipulation pour autrui intervenue pendant le cours du mariage.

Jusqu'ici nous avons étudié la stipulation pour autrui faite avant le mariage. Nous allons maintenant examiner ce contrat dans ces rapports avec la communauté lorsqu'il aura été formé pendant sa durée. Nous rencontrerons des hypothèses souvent difficiles à résoudre, et si les systèmes abondent, les solutions logiques sont en très-petit nombre. Avant d'entrer dans les difficultés voyons quelle est la théorie de la loi sur les actes passés par les époux pendant le mariage. En principe, tout acte à titre onéreux passé par le mari ou par la femme autorisée doit profiter à la communauté. « Il ne suffit pas en général, dit M. Labbé, de rendre à la communauté l'argent pris dans sa caisse. Il n'est pas permis aux époux de spéculer à leur avantage propre avec l'argent de la communauté. Les causes d'acquisition qui, durant la communauté, font des propres sont exceptionnelles et limitativement déterminées. » (Note de M. Labbé dans Sirey, 77, 1, 397.) Sans doute les époux pouvaient se soustraire à l'application des articles 1401 et suivants. Ils devaient alors le faire dans leur contrat de mariage; car les conventions matrimoniales ne peuvent recevoir aucun changement après la célébration du mariage. (Art. 1395.) Il m'est, du reste, impossible d'admettre la théorie d'un ancien magistrat qui refuse d'appliquer l'article 1395 à la communauté légale sous prétexte qu'on ne peut changer ce qui n'existe pas, et que, par conséquent, cet article ne peut viser que les clauses écrites dans un contrat de mariage. (Verdier, *Revue prat.,* T. XLVI.)

Nous allons avoir à examiner quatre hypothèses différentes. La stipulation pour autrui peut avoir été faite : 1° par un tiers au profit de l'un des époux, ou des deux époux conjointement; 2° par l'un des époux pour un tiers ; 3° par l'un des conjoints en faveur de son conjoint; 4° enfin, par les deux époux conjointement au profit du survivant.

1° Si la stipulation est faite par un tiers au profit de l'un des époux ou des deux époux conjointement, il n'y a aucune difficulté relative à notre sujet. Nous appliquerons les articles 1401 1° et 1405. Le donateur, si la stipulation est à titre gratuit, sera le maître, en exprimant clairement sa volonté, de laisser tomber le bénéfice de la stipulation dans la communauté, ou de le rendre propre à l'époux qu'il veut gratifier. Pour la communauté réduite aux acquêts, cette déclaration n'est même pas nécessaire. Si l'acte est à titre onéreux, il faut dire que le bénéfice de la stipulation appartiendra toujours à la communauté.

2° La stipulation est faite par l'un des époux au profit d'un tiers. Si cette stipulation intervient dans un acte à titre gratuit, par lequel l'un des époux se dépouille de l'un de ses propres à la charge d'accomplir une certaine prestation en faveur d'un tiers, il y a là un contrat parfaitement valable, soit qu'il émane du mari soit qu'il soit l'œuvre de la femme dûment autorisée. Il faudrait, je pense, encore dire la même chose dans le cas où l'un des époux alièneraít un de ses propres à titre onéreux, à la charge d'en donner tout ou partie de la valeur à un tiers. Il est vrai que l'acte à titre onéreux doit produire ses effets utiles vis-à-vis de la communauté, mais seulement quand l'époux aliénateur a voulu se réserver des droits utiles.

La valeur aliénée, pour arriver à la formation de la stipulation pour autrui, peut avoir été prise dans la communauté. Ce contrat doit nécessairement produire ses effets vis-à-vis de la communauté. Je suppose un contrat d'assurance sur la vie dont les primes sont payées avec les deniers communs, le capital assuré appartient à la communauté. S'il est vrai que les époux ne peuvent spéculer à leur profit avec des deniers communs, cela est peut-être encore plus évident quand la spéculation est faite en faveur d'un tiers. Est-ce à dire que ce tiers ne pourra point réclamer le paiement du capital? Ce serait une solution inexacte; si nous supposons le mari stipulant, le tiers recevra, à l'époque fixée par le contrat, le capital assuré. Le mari peut, en effet, disposer des objets mobiliers à titre gratuit et particulier au profit de toute personne, pourvu qu'il ne s'en réserve pas l'usufruit. (Art. 1422 2°.)

Il faudrait donner la même solution dans le cas où la femme autorisée du mari aurait fait la stipulation pour autrui. Cependant la Cour de Poitiers a décidé qu'au mari seul, chef administrateur de la communauté, est attribué le droit de disposer à titre gratuit et particulier au profit de toutes personnes des objets mobiliers qui la composent. (Poitiers, 17 avril 1875. Sirey, 77, 1, 391.) Cette doctrine doit être, selon moi, repoussée. Elle repose sur cette base que la communauté, personne morale, est propriétaire exclusive des biens qui la composent et que le mari, seul administrateur, a seul le droit de disposer de l'actif. La femme serait aussi étrangère à la communauté pendant le mariage qu'elle l'est au patrimoine d'un tiers. La femme, à mon avis, même pendant la durée du mariage, est déjà l'associée du mari; seulement, comme dans cette société de deux personnes il faut que l'une ait l'administration, le mari seul peut aliéner les biens de l'association. Mais si la femme était autorisée de son mari, elle aurait sur les biens communs le même droit que le mari lui-même et pourrait dès lors consentir une donation d'un objet mobilier, faisant partie du patrimoine de la communauté. Par conséquent, la stipulation pour autrui faite par la femme au profit d'un tiers ne tombe en communauté que pour en sortir par l'effet d'une libéralité contenue dans l'acte à titre onéreux.

3° L'un des époux fait une stipulation en faveur de son conjoint. Les droits du conjoint sur la créance sont faciles à déterminer quand elle résulte d'une stipulation faite par l'autre conjoint comme condition d'une aliénation d'un de ses propres. La libéralité est certainement valable, puisque les donations entre époux sont permises. Cependant une difficulté s'est élevée à ce sujet. La stipulation le plus souvent donnera naissance à une créance mobilière; or, les créances de cette nature résultant d'une donation tombent en communauté. Il est bien vrai que le donateur peut au moins, quand c'est un tiers, mettre comme condition à sa libéralité qu'elle restera propre à l'époux donataire. Mais une pareille clause est-elle permise entre époux, et n'aurait-elle pas pour effet de tenir en échec le principe de l'immutabilité des conventions matrimoniales? Je n'en crois rien, comme je le démontrerai un peu plus loin. Du reste, s'il y a exception au principe, on doit dire que cette exception est écrite dans la loi elle-même qui ne distingue pas suivant la qualité du donateur.

Si la stipulation pour autrui est insérée dans un acte à titre onéreux, que faut-il décider? Par exemple, le mari aliène un bien de la communauté à la charge par l'acquéreur, de faire à la femme du vendeur une rente viagère de 1,000 francs. Les époux peuvent-ils attribuer à cette rente le caractère d'un propre au profit de la femme? Ou bien si cette rente tombe en communauté, au moins en sort-elle immédiatement par l'effet d'une libéralité jointe au contrat au profit de la femme? Remarquons d'abord qu'il importe beaucoup de distinguer entre ces deux résultats. Si le bien acquis en échange d'un bien de communauté, ou d'un bien propre, mais en dehors des règles du remploi, appartient à la femme à titre de propre, il en suivra les règles, et la femme en aura toujours la propriété, malgré tout changement de volonté de la part du mari. Si, au contraire, elle est censée obtenir ce bien par suite d'une libéralité à elle faite par son mari, c'est là une situation qui peut changer si le mari révoque sa libéralité. En effet, les donations entre époux sont essentiellement révocables, et l'article 1121, qui n'a trait qu'à la formation du contrat, n'apporte aucune dérogation à cette règle.

Il est admis à peu près par tout le monde que la femme ne peut réclamer comme propre, en vertu du contrat principal passé en sa faveur, le bénéfice de la stipulation; elle n'y a droit qu'en vertu de la donation qui y est sous-entendue. Les époux ne pourraient, sans déroger à l'article 1395, décider que le contrat, qui devait produire ses effets au profit de la communauté les produira directement en faveur de l'un d'eux. C'est ce qui a été décidé à propos de l'assurance sur la vie par la Cour de Poitiers dans l'espèce suivante. Le sieur et la dame Bonamy étaient mariés sous le régime de la communauté réduite aux acquêts, et la femme faisait le commerce dûment autorisée de son mari. La dame Bonamy fait une assurance sur la vie de 50,000 francs, payables à son décès à son mari ou à l'ordre d'elle-même. Puis elle meurt au bout de six mois sans avoir disposé de la créance, laissant comme légataire universelle sa sœur, la dame Villeneuve. La légataire demande, lors de la liquidation, que la somme de 50,000 francs soit comprise dans l'actif de la communauté.

La Cour de Poitiers lui donna gain de cause : « Attendu que par le contrat d'assurance sur la vie, et à l'instant même où ce contrat était formé, la dame Bonamy acquérait contre la compagnie une créance déterminée, certaine, dont l'exigibilité seule était subordonnée à un événement futur, mais également certain; qu'elle acquérait de plus tous les droits inhérents à cette créance, et notamment le droit d'en disposer, de la vendre, de la céder, de la faire racheter par la compagnie, le droit de participer aux bénéfices réalisés par celle-ci, et encore le droit éventuel aux dommages-intérêts, s'il venait à en être alloué en cas de résolution du contrat, par suite d'un fait imputable à la compagnie; — Attendu que la dame Bonamy n'obtenait ces avantages qu'en échange des engagements qu'elle prenait de verser chaque année dans les caisses de la Nationale, une prime convenue d'avance; — Attendu que le contrat ainsi défini, était bien un contrat à titre onéreux, et que la dame Bonamy, mariée sous le régime de la communauté réduite aux acquêts, ne pouvait contracter de cette manière que pour le compte de la communauté, qui par suite s'est trouvée dès l'origine enrichie de tous les droits résultant de l'assurance. » (Poitiers, 17 avril 1875.) Et sur le pourvoi, la Cour de cassation décida qu'en rejetant dans ces circonstances la prétention du demandeur à la propriété exclusive du capital dont il s'agit, et en ordonnant que ce capital serait, par le notaire liquidateur, compris dans l'actif de la communauté, les juges du fait ont souverainement interprété le contrat qui leur était soumis, et n'ont point violé les textes visés au pourvoi. (Cassation, 12 fév. 1877. Sirey, 77, 1, 391.)

Ces principes posés par la Cour de Poitiers sont parfaitement juridiques; mais je ne puis admettre avec elle que le contrat précité ne constituait pas une libéralité envers le sieur Bonamy. La femme dûment autorisée peut donner à son mari un bien de communauté. On a objecté que ce serait là une dérogation à l'article 1395. Je n'en crois rien, parce que les effets de la donation ne sont pas les mêmes que ceux résultant d'un contrat qui aurait fait entrer un propre dans le patrimoine du mari. Les premiers sont révocables au gré du donateur, tandis que les seconds sont définitifs. Au premier cas, il y a lieu à rapport et à réduction, deux théories qui ne peuvent s'appliquer au second, qui donnerait tout au plus naissance à la théorie des récompenses. Ce sont là des résultats assez différents, pour qu'on ne puisse point les confondre et dire qu'il y a dérogation à l'article 1395.

Puisque cette stipulation pour l'un des deux époux au profit de l'autre ne vaut qu'à titre de libéralité, il est évident qu'il faut appliquer toutes les règles des donations entre-vifs, sauf les règles relatives à la forme. Par conséquent ces donations sont révocables *ad nutum*, rapportables et réductibles. La quotité qui sera rapportable ou qui entrera dans le calcul de la quotité disponible ne sera jamais que la moitié de la somme stipulée quand le mari sera donataire. Peut-être même n'y aura-t-il pas lieu à l'application de ces théories, quand la femme renoncera à la communauté. Au contraire, si l'époux donataire est la femme, il faudra, pour connaître la quotité du droit donné, se reporter au moment de la dissolution de la communauté; la femme accepte-t-elle, comme elle aurait eu droit, en sa qualité d'associée, à la moitié de la somme stipulée, elle est donataire pour moitié; renonce-t-elle à son droit d'associée, elle est donataire pour le tout, et c'est aussi la totalité du droit qui entrera dans le calcul de la quotité disponible. (Cass., 9 mai 1881. *Le Droit,* 19 juin 1881.) Ajoutons que si la stipulation reposait sur l'aliénation d'un propre, c'est toujours la quotité stipulée qui devrait être rapportée ou comprise dans le calcul de la réserve.

4° Nous arrivons maintenant à l'examen de l'hypothèse la plus pratique et en même temps la plus féconde en difficultés, celle d'une stipulation faite conjointement par les deux époux au profit du survivant. « L'opération, dit M. Labbé en parlant d'une assurance sur la vie, est sage, morale et salutaire. On doit souhaiter qu'elle s'exécute telle qu'elle a été conçue. » Il en est de même quand deux époux ont stipulé, moyennant un capital pris dans la caisse de la communauté, une rente viagère, réversible sur la tête du survivant. Voyons donc si quelques principes de droit s'opposent à ce que la volonté des époux reçoive une consécration complète.

Deux époux, dans un acte de partage de leurs biens, stipulent à leur profit un usufruit ou une rente viagère réversible sur la tête du dernier mourant; le contrat est-il valable? Plusieurs systèmes ont divisé la doctrine et la jurisprudence. D'après les uns, il ne peut y avoir là qu'une convention à titre onéreux excluant toute idée de libéralité. Parmi ces auteurs, les uns repoussent la validité de la clause, les autres l'admettent; mais quelques-uns en soumettant le bénéficiaire à l'obligation de la récompense. D'après d'autres, au contraire, comme contrat à titre onéreux, la créance tombe bien en communauté; mais au contrat principal s'ajoute une libéralité faite par le prémourant au survivant. Cependant, partant du même principe, les uns admettent la validité de cette donation, les autres la repoussent. Examinons rapidement les raisons invoquées en faveur de chaque système, puis nous donnerons les raisons qui nous font adopter l'une des solutions plutôt que les autres.

Notre clause de réversibilité, disent plusieurs auteurs, est valable et cela comme contrat à titre onéreux; par conséquent, l'époux survivant sera censé avoir acquis directement la créance. Il est certain d'abord, dit-on, que telle a été la volonté des conjoints en stipulant une rente viagère réversible. Ils ont fait entre eux un contrat à titre onéreux et aléatoire; chacun d'eux se dépouille de la certitude d'avoir la moitié de la rente en échange de la chance d'acquérir ainsi la totalité de la créance en cas de survie. Mais aucun des époux ne se dépouille à titre gratuit au profit de l'autre. Cette convention à titre onéreux et aléatoire est valable comme tous les contrats que font les époux; de plus cette convention sera valable pour le tout quel que soit le parti que prendra la femme à la dissolution de la communauté, et malgré tout changement de volonté de la part de l'un des époux puisque chacun donne une chance en échange d'une autre chance. Certes, l'un recevra plus que l'autre, mais c'est l'effet de tous les contrats aléatoires. La somme ainsi stipulée ne sera ni rapportable, ni réductible, puisqu'il n'y a point donation.

D'après une seconde opinion il n'y aurait plus échange,

ni contrat aléatoire. Les époux n'ont pas voulu acquérir le bien pour la communauté, ou bien n'ont voulu lui faire avoir la rente viagère que pendant son existence. Mais pour l'époque qui suivra la dissolution du mariage, il est évident que les contractants n'ont pu avoir la volonté de faire entrer cette créance en communauté, et que la loi n'a pu les forcer à faire un acte aussi déraisonnable. La créance ainsi acquise constitue donc un propre de l'époux survivant, propre qui lui a toujours appartenu en vertu du contrat primitif. D'où la conséquence que si les époux ont inséré cette clause dans un acte d'aliénation concernant un de leurs propres, il n'y aura point lieu à récompense au profit de la communauté, qui n'a rien déboursé. Il y aura récompense due par le survivant au patrimoine du prédécédé, à moins que ce dernier n'ait entendu en faire une libéralité à son conjoint. Si au contraire le capital de la rente viagère a été pris dans la communauté, comme ce sont là des dépenses faites en vue de l'acquisition ou de la conservation d'un propre, l'époux survivant devra récompense. Les auteurs se divisent sur le montant de ces récompenses; les uns, anéantissant presque leur système, déclarent que l'époux survivant devra partager les arrérages de la rente ou le capital avec les héritiers du prédécédé ; les autres considèrent l'époux survivant comme ayant emprunté à la communauté ce qui a servi à créer la rente viagère, et le forcent à rapporter cette somme.

Ces deux systèmes pèchent par leur base. Le premier semble concilier la volonté des parties avec les exigences de l'équité et les principes du droit, il ne peut cependant être défendu sérieusement. Il supposerait d'abord la possibilité pour les époux de faire toutes sortes de conventions entre eux, ce qui est très-contesté, la loi prohibant même les ventes sauf dans trois cas. (Art. 1595.) Même en laissant de côté cette difficulté, le système doit être rejeté. De deux choses l'une : ou bien cette convention des époux porte sur un bien déjà entré en communauté, ou bien elle va avoir pour effet de l'empêcher de faire partie du patrimoine commun et de le faire réputer comme ayant appartenu, dès l'origine, à l'époux survivant. Au premier cas, on ne voit plus ce que chaque époux donnerait en échange de la possibilité de recueillir tout le bénéfice du contrat. Jusqu'à la dissolution de la communauté, il se peut que la femme n'y ait aucun droit, car, si elle y renonce, elle sera réputée avoir toujours été étrangère à l'actif comme au passif de la communauté. Il est donc évident, dans ce cas, que l'échange, fût-il aléatoire, ne peut se comprendre sans qu'il y ait deux biens échangés. Mais laissons de côté cette objection ; la femme survivante accepte la communauté et dès lors deux biens ont été échangés entre le mari et la femme. Est-ce que cela va ébranler notre thèse? Certainement non. Il y a eu contrat à titre onéreux, dans lequel chacun prenant dans l'actif commun un bien l'échangeait, à son profit, contre un autre bien. Mais alors nous retombons toujours sous l'application de l'article 1401, seulement la rente viagère toute entière, au lieu d'être censée entrée en communauté, en vertu du contrat primitif, en sera sortie pour y rentrer immédiatement du chef de l'époux survivant, en vertu du contrat fait entre les époux, à moins qu'il ne soit permis à chaque époux de puiser dans la caisse commune des valeurs dont il se fera des propres. En réalité, dans ce système, les époux ont voulu qu'un bien appartenant à la communauté fût attribué, lors du partage et d'après des événements incertains, à l'un des époux exclusivement. C'est là un partage anticipé qui est contraire à tous les principes de notre droit civil.

Nous avons dit que la clause avait pu avoir pour but d'empêcher le bien de tomber en communauté, mais le faire passer pour moitié dans le patrimoine de chaque époux. Ce serait sur ce bien propre qu'interviendrait la convention aléatoire dont nous avons parlé. Ou même, et ainsi nous entrons dans la réfutation du second système, les époux auraient voulu l'attribuer pour le tout, dès l'origine, à celui que la fortune fera survivre à son conjoint. Ce principe, bien qu'admis par beaucoup de personnes, me semble faux. Les causes d'acquisition qui font des propres ont été rigoureusement déterminées par le législateur; il eût été bien inutile de régler si minutieusement et parfois si rigoureusement les conditions du remploi, s'il avait suffi de la simple volonté des époux pour faire un propre même en en puisant la valeur dans la caisse commune. La théorie des récompenses, dit-on, en permettant à l'un des époux de tirer un profit personnel des biens de la communauté, nous indique que tous les contrats à titre onéreux ne sont pas toujours faits au profit de la communauté, par conséquent, l'un des époux peut se constituer des propres même en dehors des règles sur le remploi. Ce raisonnement constitue un véritable cercle vicieux. L'article 1437 nous dit bien que, si un époux a tiré un bénéfice des biens communs, il ne peut le garder sans récompense. Mais quand arrivera-t-il que ce profit personnel existera en faveur de l'époux parce que le contrat aura fait un propre, c'est ce que l'article 1437 ne nous dit point, et pour résoudre la question, il faut avoir recours aux règles qui régissent la composition de la communauté. Or, d'après ces principes, la communauté comprend tous les biens acquis à titre onéreux pendant le mariage, sauf le cas de remploi. Qu'on ne dise point que l'époux survivant a voulu conserver en sa personne un intérêt d'avenir; ce sont là des raisons de sentiment qui n'ont aucune valeur juridique. Un intérêt d'avenir n'est point un propre qui autorise à faire des impenses pour sa conservation.

Nous dirons donc avec M. Mourlon, que si l'on considère la clause de réversibilité au profit du survivant comme renfermant une convention à titre onéreux, la rente ou le capital assuré sera un acquêt de communauté, soumis, comme les autres biens communs, au partage entre les ayants-droit de l'époux décédé et l'époux survivant. (Comp. Aubry et Rau, § 507, note 9.)

Si le contrat principal fait un acquêt, ne pourrait-on point au moins considérer la clause de réversibilité comme constituant une libéralité? « Chaque époux, dit M. Labbé, donne à l'autre, sous condition de survie, sa part dans le capital acquis en commun. Le mari donne, sous la même condition, le tout à sa femme pour le cas où celle-ci renoncerait à la communauté. D'où il suit que le capital assuré est pour partie au moins, pour le tout peut-être, l'objet d'une donation, donation entre époux, donation révocable. Le montant de la donation doit compter dans le patrimoine du prémourant pour le calcul de la quotité disponible et de la réserve, l'époux survivant peut subir une réduction. (Sirey, 77, 1, 397.)

On objecte qu'il est impossible de voir dans le contrat

que nous étudions une libéralité faite par le conjoint prédécédé au survivant, car la chance de survie est pour l'un comme pour l'autre. Chacun donne pour recevoir, c'est donc un contrat à titre onéreux et aléatoire sans aucune idée de libéralité. Sans répondre que c'est là « le système de ceux qui élèvent l'égoïsme à la hauteur d'un principe, » et tout en reconnaissant qu'il y a dans ces considérations une grande part de vérité, je pense qu'il n'est pas impossible d'y voir une donation mutuelle et réciproque. Si l'idée de libéralité ne s'y dégage pas nette et précise comme dans la donation pure et simple, elle y apparaît cependant jusqu'à un certain point. Elle existe certainement autant que dans une donation avec charge. Est-ce que, du reste, la loi ne permet pas les donations mutuelles et réciproques pourvu qu'elles ne soient point faites dans un seul et même acte. Nous dirons donc que la clause de réversibilité, stipulée au profit de l'époux survivant dans une rente viagère ou une assurance sur la vie, constitue une véritable libéralité.

Malheureusement pour ceux qui veulent faire un pareil contrat, on peut faire une objection plus grave à sa validité. Notre clause, au profit du survivant, renferme dans un même acte des libéralités réciproques entre époux. Or, les époux, dit l'article 1097, ne pourront pendant le mariage se faire ni par actes entre-vifs, ni par testament, aucune donation mutuelle et réciproque par un seul et même acte. On a dit que l'article 1121 dispensait des formes les libéralités consenties dans un contrat à titre onéreux, et notre clause constitue une double stipulation pour un tiers. La raison même qui a fait édicter l'article 1121 s'oppose à ce que l'article 1097 s'applique à notre hypothèse, « quand vous faites, dit M. Labbé, une donation principale et indépendante, vous êtes libre d'accomplir telle ou telle forme; le législateur peut prescrire la forme la plus sûre, la rédaction de deux actes pour deux libéralités distinctes, essentiellement révocables. Quand la donation ou les donations sont accessoires à un contrat principal dont elles sont parties intégrantes, quand elles doivent être insérées en même temps dans un acte principal dont elles sont la condition, *acte qui ne se ferait pas sans elles,* il y a dans le *fond* des choses une unité, une indissolubilité qui influe sur la forme. » On invoque encore l'article 1973 qui dispense formellement la constitution de rente viagère des formes prescrites pour les donations entre-vifs.

Je repousse ce raisonnement qui est une véritable pétition de principe. L'article 1973 parle du cas le plus fréquent où il n'y a qu'une simple constitution de rente; il laisse donc entière la question. L'article 1097 n'a-t-il en vue que de régler une pure question de forme, ou plutôt le législateur, craignant que cette mutualité dans un seul et même acte entraînât des conséquences quant au fonds du droit sur la révocabilité, a-t-il voulu la proscrire quel que soit l'acte où nous la rencontrons? Cette dernière explication nous paraît plus plausible, surtout si on se rappelle les difficultés qu'avait produites cette clause dans notre ancien droit. Voici comment M. Demolombe envisage la question à propos du testament, qui est, comme la donation entre époux, un acte essentiellement révocable. « Comment, dit-il, concilier cette règle avec les testaments conjonctifs? Dira-t-on que l'un des testateurs ne pourra pas révoquer sans le consentement de l'autre, ou du moins sans lui en avoir donné avis? Cela semblerait logique, puisque ce commun testament, ayant été formé par le concours des deux volontés, ne devrait pouvoir être dissous que par le même concours. Cela serait aussi commandé par l'équité, puisque l'une des dispositions est la condition et pour ainsi dire la cause de l'autre.

« Telle était, en effet, la jurisprudence du Parlement de Paris, qui n'admettait la révocation, par l'un des cotestateurs, qu'autant qu'elle avait été précédée ou accompagnée d'une notification authentique faite à l'autre testateur avant la dernière maladie; et on allait même jusqu'à dire que le testateur survivant ne pouvait plus révoquer la disposition par lui faite au profit d'un tiers, après avoir recueilli la libéralité du testateur prédécédé.

« Mais alors, quelle atteinte à la liberté de révocation! et, si l'un des testateurs était décédé, le testament du survivant était donc désormais irrévocable!

« C'est à quoi les Parlements des pays de droit écrit résistaient généralement, et ils décidaient, au contraire, que chacun des testateurs conservait la faculté de révocation même après la mort de son cotestateur.

« Mais alors, que devenait ce caractère en quelque sorte synallagmatique du testament mutuel, et la bonne foi et la loyauté dont il supposait la mutuelle promesse. » (Demolombe, T. 21, n° 13.)

Je ne saurais mieux dire que l'éminent doyen de la Faculté de Caen. J'ajouterai seulement que les époux pourront, après le contrat de rente viagère, constituée par l'acte jusqu'au décès du dernier mourant, se faire par des libéralités distinctes donation au survivant de la totalité de la rente viagère. S'il est vrai de dire, avec

M. Labbé, que les donations doivent être insérées en même temps dans un acte dont elles sont la condition, dans un acte qui ne se ferait pas sans elles, comment affirmer qu'il n'y a là qu'une pure question de forme, qui doit être écartée en vertu de l'article 1121?

Je dois avouer que cette doctrine a été repoussée par la Cour de cassation, dans un arrêt du 18 mars 1877. (Sirey, 77, 1, 401.) « Attendu qu'il résulte des termes du contrat souverainement interprétés par les juges du fonds, que Théodat a nécessairement voulu que sa femme survivante recueillît le capital assuré à titre de libéralité, dans le cas même où elle renoncerait à la communauté; qu'ainsi la demanderesse a le droit d'en recueillir le bénéfice, soit que les primes aient été fournies par le mari sur ses deniers personnels, soient qu'elles l'aient été en deniers de la communauté à laquelle elle a renoncé. »

Il me semble que la Cour de cassation a violé la loi, que le capital de l'assurance ou plus généralement la chose stipulée ne peut être réclamée par l'époux survivant et reste dans la communauté dont elle suivra le sort. Je ne dirai même pas, avec MM. Aubry et Rau, que si la rente viagère stipulée réversible avait été constituée au moyen de biens de communauté, ou portait sur des biens de cette nature, et que la femme survivante renonçât à la communauté, l'effet de cette renonciation serait de faire considérer le mari comme ayant toujours été propriétaire exclusif des biens communs, et, par suite, de résoudre la clause réciproque de réversibilité en une donation simple faite sous condition de survie par ce dernier à sa femme. (Aubry et Rau, § 743 *in fine.*) Pour apprécier la validité de cette donation, il faut se reporter, non pas au moment de l'arrivée du terme, mais au moment où le contrat est formé. Si à ce moment il est en contradiction avec un article du Code civil, nous le déclarerons nul; or, telle est bien notre hypothèse. Dans la doctrine de MM. Aubry et Rau, rien n'empêcherait de considérer la libéralité, dont cependant nous avons proclamé la nullité, comme faite au profit du survivant par son conjoint.

POSITIONS.

DROIT ROMAIN.

I. La nullité de la stipulation pour autrui n'est pas une conséquence du principe de non-représentation.

II. La règle : *alteri nemo stipulari potest* est applicable même aux contrats de bonne foi.

III. Sous Justinien, dans les contrats de bonne foi, la stipulation *sibi et Titio* est valable pour le tout au profit du contractant.

IV. Un père ne peut dans tous les cas stipuler au profit de sa fille, malgré ce que dit Ulpien dans la loi 45 § 2, D. *de V. O.*

V. Une personne peut se faire consentir un pacte de remise en faveur d'un seul de ses héritiers.

DROIT CIVIL.

I. On peut valablement faire une assurance sur sa vie au profit d'un tiers.

II. Dans les cas où la stipulation pour autrui est valable, l'acceptation du tiers n'a pas besoin d'être notifiée au stipulant.

III. L'acceptation ne peut plus avoir lieu après la mort du stipulant.

IV. Si le stipulant se réserve le droit de disposer pendant sa vie de la créance née de la stipulation, le tiers n'a aucun droit.

V. La stipulation contenue au profit d'un tiers dans un contrat constitue souvent une donation. Dans ce cas, elle est rapportable et réductible, et le rapport et la réduction portent sur la somme stipulée, non sur ce qui a été déboursé.

VI. La rente viagère stipulée réversible au profit du survivant de deux époux communs en biens, tombe en communauté et en suit le sort.

HISTOIRE DU DROIT.

I. La *precaria* du Moyen-âge ne dérive pas du *precarium* romain.

II. Le système de la personnalité de la loi disparut vers le milieu du IXe siècle pour faire place au système de la loi territoriale.

DROIT CRIMINEL.

I. La mort du mari, après sa dénonciation, n'arrête point la poursuite en adultère.

II. La réquisition du ministère public n'oblige pas le juge d'instruction à décerner un mandat de dépôt ou d'arrêt.

III. Une personne qui n'a pas été partie civile dans une instance criminelle peut soulever de nouveau la question devant la juridiction civile.

DROIT PUBLIC.

I. L'arrêté préfectoral de conflit ne peut émaner que du Préfet du département dans lequel est situé le tribunal de première instance qui est saisi du litige.

II. L'ecclésiastique qui a commis, dans l'exercice de ses fonctions, une infraction à la loi pénale, peut être traduit devant l'autorité judiciaire sans qu'il soit besoin, au préalable, de recourir pour abus au Conseil d'État.

III. Lorsque les Ministres statuent sur les difficultés relatives à l'interprétation ou à l'exécution de marchés de fournitures faites au Gouvernement, ils le font non comme juges mais comme administrateurs.

Vu par le Doyen,

CH. BEUDANT.

Vu par le Président de la thèse,

C. BUFNOIR.

Vu et permis d'imprimer :

Le Vice-Recteur de l'Académie de Paris,

GRÉARD.

TABLE DES MATIÈRES.

DROIT ROMAIN.

DES STIPULATIONS POUR AUTRUI.

DROIT FRANÇAIS.

DES STIPULATIONS POUR AUTRUI.

BAR-LE-DUC, IMPRIMERIE CONTANT-LAGUERRE.

BAR-LE-DUC, IMPRIMERIE CONTANT-LAGUERRE.

www.ingramcontent.com/pod-product-compliance
Ingram Content Group UK Ltd.
Pitfield, Milton Keynes, MK11 3LW, UK
UKHW020137220726
13923UKWH00001B/210